和谐校园文化建设读本

爱因斯坦哲言录

鲍金海/编写　AIYINSITANZHEYANLU

吉林出版集团股份有限公司

吉林教育出版社

图书在版编目（CIP）数据

爱因斯坦哲言录 / 鲍金海编写. —长春：吉林教
育出版社，2012.6（2022.10重印）
（和谐校园文化建设读本）
ISBN 978 - 7 -5383 -8773 -5

Ⅰ. ①爱… Ⅱ. ①鲍… Ⅲ. ①爱因斯坦，
A. (1879 ~ 1955)—箴言—青年读物②爱因斯坦，
A. (1879 ~ 1955)—箴言—少年读物 Ⅳ.
①K837. 126. 11 –49

中国版本图书馆 CIP 数据核字（2012）第 116021 号

爱因斯坦哲言录
AIYINSITAN ZHEYAN LU

鲍金海　编写

策划编辑	刘　军　　潘宏竹		
责任编辑	尹曾花	**装帧设计**	王洪义

出版　吉林出版集团股份有限公司（长春市福祉大路5788号　邮编　130118）
　　　　吉林教育出版社（长春市同志街1991号　邮编　130021）
发行　吉林教育出版社
印刷　北京一鑫印务有限责任公司

开本	710 毫米 ×1000 毫米　1/16	**印张**　9.5	**字数**　121 千字

版次　2012 年 6 月第 1 版　　**印次**　2022 年 10 月第 2 次印刷
书号　ISBN 978 - 7 -5383 -8773 -5
定价　39. 80 元

编 委 会

主　　编：王世斌

执行主编：王保华

编委会成员：尹英俊　尹曾花　付晓霞

　　　　　　刘　军　刘桂琴　刘　静

　　　　　　张　瑜　庞　博　姜　磊

　　　　　　潘宏竹

　　　　　　（按姓氏笔画排序）

总 序

千秋基业，教育为本；源浚流畅，本固枝荣。

什么是校园文化？所谓"文化"是人类所创造的精神财富的总和，如文学、艺术、教育、科学等。而"校园文化"是人类所创造的一切精神财富在校园中的集中体现。"和谐校园文化建设"，贵在和谐，重在建设。

建设和谐的校园文化，就是要改变僵化死板的教学模式，要引导学生走出教室，走进自然，了解社会，感悟人生，逐步读懂人生、自然、社会这三本大书。

深化教育改革，加快教育发展，构建和谐校园文化，"路漫漫其修远兮"，奋斗正未有穷期。和谐校园文化建设的研究课题重大，意义重要，内涵丰富；是教育工作的一个永恒主题。和谐校园文化建设的实施方向正确，重点突出，是教育思想的根本转变和教育运行机制的全面更新。

我们出版的这套《和谐校园文化建设读本》，既有理论上的阐释，又有实践中的总结；既有学科领域的有益探索，又有教学管理方面的经验提炼；既有声情并茂的童年感悟；又有惟妙惟肖的机智幽默；既有古代哲人的至理名言，又有现代大师的谆谆教诲；既有自然科学各个领域的有趣知识；又有社会科学各个方面的启迪与感悟。笔触所及，涵盖了家庭教育、学校教育和社会教育的各个侧面以及教育教学工作的各个环节，全书立意深邃，观念新异，内容翔实，切合实际。

我们深信：广大中小学师生经过不平凡的奋斗历程，必将沐浴着时代的春风，吸吮着改革的甘露，认真地总结过去，正确地审视现在，科学地规划未来，以崭新的姿态向和谐校园文化建设的更高目标迈进。

让和谐校园文化之花灿然怒放！

本书编委会

目 录

一、科学篇

科学的目的

科学的目的，一方面是尽可能完备地理解全部感觉经验之间的关系，另一方面是通过最少个数的原始概念和原始关系（指基本概念和基本关系——编者）的使用来达到这个目的。

《物理学和实在》，《爱因斯坦文集》（以下简称《文集》）第一卷

科学所创造的知识和方法只是间接地有助于实用的目的，而且在很多情况下，还要等到几代以后才见效。

《科学的困境》，《文集》第三卷

科学的不朽荣誉，在于它通过对人类心灵的作用，克服了人们在自己面前和在自然界面前的不安全感。

《科学和社会》，《文集》第三卷

对于科学，就我们的目的来说，不妨把它定义为"寻求我们感觉经验之间规律性关系的有条理的思想"。科学直接产生知识，间接产生行动的手段。

《宗教与科学》，《文集》第三卷

首先使真正民主成为可能的是科学家，他们不仅减轻了我们的日常劳动，而且也造出了最美好的艺术上和思想上的作品，而对这种成果的享受，一直到最近以前都只有特权阶级才有可能，但现在大家却都接近于得到它们了。因此，可以说科学家们已打破了各国的麻木不仁的沉闷状态。

无线电广播有一个能把各国联合在一起的独特作用。它能用来加强相互友好的感情，而这种感情是多么容易转变成不信任和敌视呀。一直到今天为止，人民还只会通过报纸的歪曲的镜子以求相互了解。但无线电却是以最生动的形式，并且主要是从人民最喜爱的方面来表白自己。

《无线电的社会意义》《文集》第三卷

如果你不以科学为谋生的手段的话，科学是很好的东西。你应当以你认为可以胜任的工作为生。只有当我们没有必要对他人负责时，我们才能在科学研究中得到乐趣。

《爱因斯坦通信录》

我可以唱一首赞美诗，来颂扬应用科学已经取得的进步；并且无疑地，在你们自己的一生中，你们将把它更加推向前进。我所以能讲这样一些话，那是因为我们是生活在应用科学的时代和应用科学的家乡。但是我不想这样来谈。我倒想起一个娶了不称心的妻子的小伙子，当人家问他是否感到幸福时，他回答说："如果要我说真心话，那我就不得不扯谎了。"

《对加利福尼亚理工学院学生的讲话》，《文集》第三卷科学最突出的实际效果在于它使那些丰富生活的东西的发明成为可能，虽然这些东西同时也使生活复杂起来——比如蒸汽机、铁路、电力和电灯、电报、无线电、汽车、飞机、炸药等等发明。

《科学和社会》，《文集》第三卷

在科学的庙堂里有许多房舍，住在里面的人真是各式各样，而引导他们到那里去的动机实在也各不相同。

《探索的动机》，《文集》第一卷

大家都同意，科学必须建立各种经验事实之间的联系，这种联系使我们能够根据那些已经经验到的事实去预见以后发生的事实。固然，按照许多实证论者的意见，尽可能完善地解决这项任务，就是科学的唯一目的。

《在哥伦比亚大学的讲话》，《文集》第一卷

我现在所献身的这门科学将要达到而且能够达到什么样的目的？它的一般结果究竟在多大程度上是"真的"？哪些是本质的东西，哪些则是发展中的偶然的东西？

《恩斯特·马赫》，《文集》第一卷

科学不是而且永远不会是一本写完了的书，每个重大的进展都带来了新问题，每一次发展总要揭露出新的更深的困难。

金秋鹏；《爱因斯坦》

相信世界在本质上是有秩序的和可认识的这一信念，是一切科学

工作的基础。

《论科学》，《文集》第一卷

科学的作用

凡是有知识的人都会高度赞赏我们这个世纪的科学成就，即使是只随便看一下科学在工业上的应用，也会有此感觉。可是如果记住科学的基本问题，对于它新近的成就就不会估计过高。这正像坐在火车里一样。要是我们只观察靠近轨道的东西，我们似乎是在急速地向前奔驰。但当我们注视到远处的山脉时，景色似乎就变得非常慢。科学的基本问题也正是这样。

《保证人类的未来》《文集》，第三卷

科学是一种强有力的工具。怎样用它，究竟是给人带来幸福还是带来灾难，全取决于人自己，而不取决于工具。

《科学和战争的关系》，《文集》第三卷

透彻的研究和锐利的科学工作，对人类往往具有悲剧的信念。

《给国际知识界和平大会的贺信》，《文集》第三卷

科学从它掌握因果关系这一点来说，固然可以就各种目标和价值是否相容作出重要的结论，但是关于目标和价值的独立的基本定义，仍然是在科学所能及的范围之外。

《宗教同科学不可和解吗?》，《文集》第三卷

科学对于人类事务的影响有两种方式。第一种方式是大家都熟悉的：科学直接地，并且在更大程度上间接地生产出完全改变了人类生活的工具。第二种方式是教育性质的——它作用于心灵。尽管草率看来，这种方式好像不大明显，但至少同第一种方式一样锐利。

《科学和社会》，《文集》第三卷

在科学对历史进程的作用中，使我们最感兴趣的还是在于科学的物质作用，而不在于它对人们思想的作用。

《科学家和爱国主义》，《文集》第三卷

要我们对什么是科学得出一致的理解，实际上并不困难。科学就是一种历史悠久的努力，力图用系统的思维把这个世界中可感知的现象尽可能彻底地联系起来。

《科学和宗教》，《文集》第三卷

有许多人所以爱好科学，是因为科学给他们以超乎常人的智力上的快感，科学是他们自己的特殊的娱乐，他们在这种娱乐中寻求生动活泼的经验和雄心壮志的满足。

《探索的动机》，《文集》第一卷

科学在发展逻辑思维和研究实在的合理态度时，能在很大程度上削弱世上流行的迷信。

《论科学》，《文集》第一卷

科学作为一种现存的和完成的东西，是人们所知道的最客观的，同人无关的东西。但是，科学作为一种尚在制定中的东西，作为一种被追求的目的，都同人类其他事业一样，是主观的，受心理状态制约的。

《在哥伦比亚大学的讲话》，《文集》第一卷

科学是为科学而存在的，就像艺术是为艺术而存在的一样，它既不从事自我表白，也不从事荒谬的证明。

《论科学》，《文集》第一卷

为什么数学比其他一切科学受到特殊的尊重，一个理由是它的命题是绝对可靠的和无可争辩的，而其他一切科学的命题在某种程度上都是可争辩的，并且经常处于会被新发现的事实推翻的危险之中。

《几何学和经验》，《文集》第一卷

科学工作是一个自然的整体，它的各个部分彼此相互支持着，固然支持的方式还没有人能预料到。

《自由和科学》，《文集》第三卷

要是人们要彻底地不违反理性，那就不可能得到任何东西；也就是说：要是不用任何支架，那就不可能建造房子，也不可能架设桥梁，但是支架不是房子或桥梁的任何组成部分。

《关于广义引力论及其他》，《文集》第一卷

科学与创造

物理学构成一种处在不断进化过程中的思想的逻辑体系，它的基

础可以说是不能用归纳法从经验中提取出来的，而只能靠自由发明来得到。

《物理学的实在》，《文集》第一卷

如果他对科学深感兴趣，他就可以在他的本职工作之外埋头研究他所爱好的问题。他不必担心他的努力会毫无成果。

《自述片断》，《文集》第一卷

用不变的物体之间的简单力来解释一切自然现象是可能的。在伽利略时代以后的200年间，这样的一种努力有意识地或无意识地表现在所有科学创造中。

《物理学的进化》，《文集》第一卷

对于一个毕生竭尽全力以求真理和改善科学基础的人，人们去了解他怎样看待他自己所研究的那个科学分支的，这也许毕竟是一件有意义的事。

《理论物理学的方法》，《文集》第一卷

哲学家们的创造才能的缺陷，常常表现在他们不是根据自己的观点来系统地说明自己的对象，而相反，却是借用其他作者的现成论断，并且只想对他们进行批判或者评论。

《评温特尼茨的〈相对论和认识论〉》，《文集》第一卷

人们思想以最适当的方式来画出一幅简化的和易领悟的世界图像；

于是他就试图用他的这种世界体系来代替经验的世界，并来征服它。

《探索的动机》，《文集》第一卷

感情和愿望是人类一切努力和创造背后的动力，不管呈现在我们面前的这种努力和创造外表上多么高超。

《宗教和科学》，《文集》第一卷

我们希望观察到的事实能从我们的实在概念逻辑地推论出来。要是不相信我们的理论构造能够掌握实在，要是不相信我们世界的内在和谐，那就不可能有科学。这种信念是，并且永远是一切科学创造的根本动力。

《〈物理学的进化〉片断》，《文集》第一卷

存在着求理解的热情，正像存在着求音乐的热情一样。那种热情在儿童中间是相当常见的，但多数人以后就失去了。要是没有这种热情，就不会有数学，也不会有自然科学。求理解的热情一再导致了这样一种幻想，以为人可以不要任何经验基础，而只要通过纯粹的思维——简言之，即通过形而上学——就能在理论上了解客观世界。

《广义引力论》，《文集》第一卷

科学家品格

伽利略表现为一个具有坚强意志，并且具有智慧和勇气的人；他代表理性的思维，挺身而出，反对那一批倚仗人民的无知，并且利用

披着牧师与学者外衣的教师的无所事事，借以把持并维护其权势的人。

《"伽利略对话"序》，《文集》第一卷

每一个了解斯莫卢霍夫斯基的人，所以喜欢他不仅因为他是一个聪明的科学家，而且也因为他是一个高尚的、敏感的和友善待人的人。

《斯莫卢霍夫斯基》，《文集》第一卷

第一流的艺术大师很少能够做到像您（指高尔基——编者）那样既是自己社会的公仆，又是改进人类命运的战士。

《祝贺高尔基65岁生日的贺信》，《文集》第三卷

我从来没有看到过别的人像您这样，把这么深邃的智慧和自我牺牲精神结合在一起，把一生默默地献给社会。我们大家都感谢您，这不仅是因为您已取得的成就，也是因为有像您这样的人存在于我们这个缺乏崇高的人格的时代而感到高兴。

《爱因斯坦通信选》

对于拉特瑙，我无论在过去和现在都表示尊敬和感激，因为他在目前欧洲这个阴暗局面下给了我希望和安慰，也因为这位高瞻远瞩和感情热烈的人同我在一道的时候使我度过了许多难忘的时刻。他对各种各样的经济制度的理解，他对各民族和各阶层人物特点的心理上的了解，以及他对于个别人物的了解，都是值得钦佩的、他能识别人，但他爱一切人；这一点只有那种能够积极享受人生的人才能做到，当他同朋友们围着桌子谈天的时候，他谈吐中的基本内容同他那地道的柏林人的幽默，

巧妙地、可贵地结合在一起，使他的谈话很有风趣。一个人要是住在虚无缥缈之乡，他不难成为一个理想主义者；拉特瑙虽然住在尘世上，并且能辨别别人难以辨别的尘世上的各种气息，但他却是一个理想主义者。

《悼念伐尔特·拉特瑙》，《文集》第三卷

本世纪初只有少数几个科学家具有哲学头脑，而今天的物理学家几乎全是哲学家，不过"他们都倾向于坏的哲学"。

《关于科学史和科学家的谈话》，《文集》第一卷

科学家的传记方面也像他们的思想一样使他始终感兴趣。他喜欢了解那些创造伟大理论和完成重要实验的人物的生活，了解他们是怎样的一种人，他们是怎样工作并怎样对待他们的伙伴的。

《关于科学史和科学家的谈话》，《文集》第一卷

一旦认识到地球不是世界中心，而只是较小的行星之一，以人类为中心的妄想也就站不住脚了。这样哥白尼通过他的工作和他的伟大的人格，教导人们要谦虚谨慎。

《在哥白尼逝世410周年纪念会上的讲话》，《文集》第一卷

作为一位科学思想家，玻尔（指丹麦物理学家——编者）所以有那么惊人的吸引力，在于他具有大胆和谨慎这两种品质的难得的融合；很少有谁对隐秘的事物具有这样一种直觉的理解力，同时又兼有这样强有力的批判能力。

《尼耳斯·玻尔》，《文集》第一卷

想象力和创造天才是他（指斯托多拉——编者）的为人的推动力量。

《感谢斯托多拉》，《文集》第三卷

并不是每个学过使用那些直接或间接地看来像"科学的"工具和方法的人，都能算是我的心目中的科学家。在我讲到科学家时，我只能指那些科学精神状态真正是生气勃勃的人。

《科学家的道义责任》，《文集》第三卷

我要致以敬意的这个人（指莱奥·贝克——编者），一生乐于助人，不知恐惧为何物，逞强好斗与怨恨愤懑都同他格格不入。这是伟大道义领袖的素质，由于这种素质，他们能使人类在其自作自受的苦难中得到安慰。

《给贝克的献词》，《文集》第三卷

马赫到了高龄还以孩子般的好奇的眼睛窥视着这个世界，使自己从理解其相互联系中求得乐趣，而没有什么别的要求。

《恩斯特·马赫》，《文集》第一卷

他（指恩斯特·马赫——编者）不是一位把自然科学选作他的思辨对象的哲学家，而是一位有着多方面兴趣的勤奋的自然科学家，对于这样的自然科学家来说，研究那些在人们普遍注意的焦点之外的细节问题，显然会使他感到愉快。

《恩斯特·马赫》，《文集》第一卷

我多么想把我们处于不同"祖国"的同行们团结在一起。

《学者唯一的"祖国"》，《文集》第三卷

理论家在着手这项十分艰巨的工作时，应当清醒地意识到，他的努力也许只会使他的理论注定要受到致命的打击。对于承担这种劳动的理论家，不应当吹毛求疵地说他是"异想天开"；相反，应当允许他有权自由发挥他的幻想，因为除此以外就没有别的道路可以达到目的。

《空间——以太和场》，《文集》第一卷

贝索的长处是不寻常的智慧以及对职务上和道德上的责任从不退缩的献身精神，他的短处是过于缺少决断力。他在人生中获得的外部成就，同他的杰出能力以及他在技术和纯科学领域中的异常丰富的知识都不成比例，其原因就在于此。

《对贝索的评价》，《文集》第三卷

只有当我们没有必要对他人负责时，我们才能在科学研究中得到乐趣。

《爱因斯坦通信选》

一个公务人员能够退休，一个有才智的人却不能退休。

《关于哲学和科学问题的谈话》，《文集》第三卷

要做这样的事，力量从何而来？只能来自这样的一些人，他们在

年轻的时候，有机会通过学习来加强他们的意志，扩大他们的眼界。因此，我们老一辈的人正瞧着你们，希望你们尽一切可能的努力，去达到我们未能达到的目标。

《经济抵制》，《文集》第三卷

人类是多么软弱啊！像牛顿这样伟大的心灵，也免不了沾染上世俗的尘垢。但是，在漫长的人生道路上，谁能不沾上灰尘污垢呢？

秦关根：《爱因斯坦》

经济和政治权力集中到愈来愈少的人手里，不仅使科学家经济上依附于人，而且也从精神上威胁着他的独立；对科学家在理智上和心理上施加影响的种种狡诈伎俩，会阻碍真正独立人格的发展。

《科学家的道义责任》，《文集》第三卷

在埃伦菲斯特的生活中，他同朋友的关系所起的作用，要远大过多数人。他实际上是受他的同情心所支配，同时也受以道义判断为根据的憎恶所支配。

《埃伦菲斯特》，《文集》第一卷

我幸运地同居里夫人（波兰物理学家和化学家——编者）有20年崇高而真挚的友谊。我对她的人格的伟大愈来愈感到钦佩。她的坚强，她的意志的纯洁，她的律己之严，她的客观，她的公正不阿的判断——所有这一切都难得地集中在一个人的身上。她在任何时候都意识到自己是社会的公仆，她的极端的谦虚，永远不给自满留下任何余地。

《悼念玛丽·居里》，《文集》第一卷

如果他对科学深感兴趣，他就可以在他的本职工作之外埋头研究他所爱好的问题。他不必担心他的努力会毫无成果。

金秋鹏：《爱因斯坦》

他（指埃伦菲斯特——编者）在莱顿的学生和同事都爱戴他，尊敬他。他们了解他的极端的热忱，他的那种自愿为人服务和乐于助人的精神完全协调的性格。难道他不应当是一个幸福的人吗？

《埃伦菲斯特》，《文集》第一卷

他（指伽利略——编者）渴望认识真理，历史上这样的人是少有的。但是，作为一个成熟的人，他竟认为值得去顶着如此多的反对，企图把他已经发现的真理灌输给浅薄的和心地狭窄的群众，我觉得这是难以置信的。

《〈伽利略在狱中〉读后感》，《文集》第三卷

凡是对于他（指贝索——编者）遇到的每一个向他求教的人有用的东西，对于他自己却是有害的。因为，他永远不满足于已有的东西。没有什么论文署他的名。

《贝索和爱因斯坦》，《文集》第三卷

读者从这些信里，就应当知道开普勒是在何等艰苦的条件下完成

这项巨大工作的（指创造行星测定——编者）。他没有因为贫困，也没有因为那些有权支配着他的生活和工作条件的同时代人的不了解，而使自己失却战斗力或者灰心丧气。

《〈开普勒〉序》，《文集》第一卷

谁都觉得他（指荷兰物理学家洛伦兹——编者）很卓越，但是谁也不觉得他盛气凌人。尽管他对人对人类事务不抱幻想，但他对每个人和每样事情都充满善意。他从未给人有专横的印象，而是为人服务和乐于助人。他极其诚挚负责，不允许给任何东西以过分的重要性。有一种微妙的幽默感守护着他，这可以从他的眼睛和他的微笑中反映出来。

《创造者 H.A.洛伦兹及其为人》，《文集》第一卷

可是科学家却已倒退到这样程度，他居然把国家政权强加给他的奴役当作不可避免的命运接受下来，他甚至自甘堕落到这种地步竟然驯服地献出自己的才能，去帮助完成那些注定要造成人类普遍毁灭的工具。

《科学家的道义责任》，《文集》第三卷

凡是在小事上对真理持轻率态度的人在大事上也是不足信的。

（德）F.赫尔内克：《爱因斯坦传》

他（指埃伦菲斯特——编者）一生中最强的关系是同他的那位既是妻子又是工作同志（指俄罗斯理论物理学家塔姬雅娜——编者）的

关系，这是一位非常坚强和非常坚定的人物，才智上也同他相当。

《埃伦菲斯特》，《文集》第一卷

要避免个人的钩心斗角那是对的，但是一个人为自己的思想辩护，那也是重要的。人们不应当由于不负责而简单地放弃自己的思想，好像他并不是真正地相信它们似的。

《同柯亨的谈话》，《文集》第一卷

在真理的认识方面，任何以权威者自居的人，必将在上帝的嬉笑中垮台！

（德）F. 赫尔内克：《爱因斯坦传》

科学家贡献

这三条定律（指测定地球轨道及太阳、火星定点——编者）在未来一切时代都将永远同他（指开普勒——编者）的名字联系在一起。要发现这些定律，并且这样精密地来确定它们，需要何等发明天才；需要何等辛勤的、顽强的工作；对此，今天在事后，没有谁能给以充分估量的。

《〈开普勒〉序》，《文集》第一卷

只有微分定律的形式才能完全满足近代物理学家对因果性的要求。微分定律的明晰概念是牛顿最伟大的理智成就之一。

《牛顿力学》，《文集》第一卷

他（指美国著名发明家爱迪生）是一位伟大的技术发明家，我们的物质生活所以有可能轻松愉快和丰富多彩，应该归功于他。一种创造发明的精神使他自己的一生，也使我们的全部生活充满明亮的光辉。我们怀着感激的心情领受他的遗产，这不仅是他的一份天才的礼品，而且也是交在我们手中的一项使命。因为寻找怎样正确使用这份交给我们的礼物的途径，这一任务正落在新的一代人的肩上。只有解决了这一任务，新的一代才有资格继承他们的遗产，而且会比他们的先辈真正幸福得多。

《悼念 T. A. 爱迪生》，《文集》第三卷

我知道了您（指法国作家罗曼·罗兰——编者）是何等勇敢地、全心全意地为消除法德两国人民之间可悲的隔阂而献身。我热诚地向您表达我的深切的钦佩和敬意。

《给罗曼·罗兰的信》，《文集》第三卷

春天的太阳总是会带来新的生命，我们不妨为新生命欢呼，对它的成长有所贡献。

《爱因斯坦通信选》

她（指玛丽·居里——编者）一生最伟大的科学功绩——证明放射性元素的存在并把它们分离出来——所以能取得，不仅是靠着大胆的直觉，而且也靠着在难以想象的极端困难情况下工作的热忱和顽强，这样的困难，在实验科学的历史中是罕见的。

《悼念玛丽·居里》，《文集》第一卷

居里夫人的品德力量和热忱，哪怕只有一小部分存在于欧洲的知识分子中间，欧洲就会面临一个比较光明的未来。

《悼念玛丽·居里》，《文集》第一卷

要令人信服地详细说明太阳中心概念的优越性，必须具有罕见的思考的独立性和直觉，也要通晓天文事实，而这些事实在那个时代是不易得到的。哥白尼的这个伟大的成就，不仅铺平了通向近代天文学的道路，而且也帮助人们在宇宙观上引起了决定性的变革。

《在哥白尼逝世 410 周年纪念会上的讲话》，《文集》第一卷

泡培尔·林卡乌斯不仅是一位有才华的工程师和作家。他还是少数体现时代良心的出色人物之一。他孜孜不倦地向我们宣传社会要对每个人的命运负责，并且为我们指出了一条把社会应尽的义务变成事实的道路。社会或者国家不是他盲目崇拜的对象；他把社会要求个人作出牺牲的权利，完全建立在社会应当给个人的个性以和谐发展机会这一责任之上。

《约瑟夫·泡贝尔·林卡乌斯》，《文集》第三卷

要理解这样的人（指牛顿——编者），唯有把他看成是为争取永恒真理而斗争的战士。

（东德）F. 赫尔内克：《爱因斯坦传》

你（指牛顿——编者）所发现的道路，在你那个时代，是一位具

有最高思维能力和创造力的人所能发现的唯一道路。

《自述》，《文集》第一卷

他（指牛顿——编者）不仅作为某些关键性方法的发明者来说是杰出的，而且他在善于运用他那时的经验材料上也是独特的，同时他还对于数学和物理学的详细证明方法有惊人的创造才能。

《牛顿力学》，《文集》第一卷

他（指马赫——编者）的重要性不仅在于他满足了当时哲学的某种需要，而这种需要可能被一些积习很深的专业科学家看成是一种多余的奢侈。

《恩斯特·马赫》，《文集》第一卷

如果我们现在可以宣称已经废除了苦役，那么我们就应当把它归功于科学的实际效果。

《科学和社会》，《文集》第三卷

斯莫卢霍夫斯基的其他科学工作不能在这里一一地加以阐述。但是必须提一提他于 1913 年和 1916 年应哥廷根科学协会邀请所做的两期报告，这两期报告会发表在《物理学的期刊》（Phys. Zeits.）上。这些报告对这位过早逝世的科学家的整个一生活动是一个最好的概括。每一个了解斯莫卢霍夫斯基的人，所以喜欢他，不仅因为他是一个聪明的科学家，而且也因为他是一个高尚的、敏感的和友善待人的人。近几年来的世界灾难，使他对人们的残忍和对我们文明发展所遭受的损失感到极为痛心。命运过早地中断了他作为研究家和教育家的卓有成效的活动，但是我们将非常珍惜他的生活榜样和他的著作。

《斯莫卢霍夫斯基》，《文集》第一卷

通过原子能的解放，我们这一代已经给世界带来了自从史前人类发现了火以后最大的革命力量。这种宇宙的基本威力不能装进狭隘的国家主义这—陈腐的概念里。

《为原子科学家非常委员会筹备教育基金的信》，《文集》第三卷

用纯粹逻辑方法所得到的命题，对于实在来说是完全空洞的。由于伽利略看到了这一点，尤其是由于他向科学界谆谆不倦地教导了这一点，他才成为近代物学之父——事实上也成为整个近代科学之父。

《理论物理学的方法》，《文集》第一卷

我尊敬列宁，因为他是一位有完全自我牺牲精神，全心全意为实现社会主义而献身的人。……像他这种类型的人，是人类良心的维护者和再造者。

《我尊敬列宁》，《文集》第三卷

我认为他（指马赫——编者）的伟大功绩在于：他松动了在 18 和 19 世纪统治着物理学基础的那种教条主义。尤其是在《热学》中，他总是努力证明概念是怎样来自经验的。

《对马赫的评价及其他》，《文集》第三卷

理性是他（指保耳·朗之万——法国物理学家和进步的社会活动家——编者）的信念——这信念不仅带来了光明，也带来了解放。他为促进全人类的幸福生活愿望，也许比他为纯粹知识启蒙的热望还要强烈。

《悼念保耳·朗之万》，《文集》第一卷

"世界的永久秘密就在于它的可理解性。"要是没有这种可理解性，关于实在的外在世界的假设就会是毫无意义的，这是伊曼努耳·康德的伟大的认识之一。

《物理学和实在》，《文集》第一卷

显然，使他（指科学家——编者）感到相当自豪的是，科学家的工作，由于实质上淘汰了手工劳动，已经帮助人类彻底改变了经济生活。但另一方面，科学家又感到苦恼，那是因为他的工作已经落到那些盲目行使政治权力的人手里，使他的科学劳动成果竟成为对人类生存的一种威胁。

《科学家的道义责任》，《文集》第三卷

至于马赫那匹小马，我并不骂它……但是，它不可能创造出什么有生命的东西，而只能扑灭有害的虫豸。

《对马赫的看法》，《文集》第三卷

普朗克的第一项重大科学成就是题为《关于熵的增长的原理》的一组论文中的第三篇。（《物理学杂志》（*Ann. Phys.*），32 卷，1887

年，462 页）在这篇论文中考查了化学平衡中的一般理论，特别使它适合于稀溶液的研究。固然，这个问题的一般结果是在这以前十多年已由吉布斯（Gibbs）获得了，而关于稀溶液的研究结果部分是由范特霍夫（Van't Hoff）获得的。然而吉布斯的工作很少有人知道，并且很难理解。承认它的意义这件事本身就可以认为已经是一种成就，我甚至想，普朗克也许不会理解吉布斯的工作，他也不会独立地通过这一条路。普朗克的上述工作的巨大意义在于：他为稀溶液的平衡建立了一些如此普遍的公式，在其中包括了可从热力学导出的这些溶液的全部规律性。根据他的普遍公式，普朗克还在阿列纽斯（Arrhenius）之前第一个得出这样的结论：在水溶液中"反常地"提高蒸汽压（相应地降低冰点或提高沸点），溶质必将被分解。普朗克的普遍公式包含了所谓的奥斯特瓦耳德（Ostwald）的二元电解质的稀释定律，把它作为一个非常特殊的情况。

《研究者普朗克》，《文集》第一卷

在这些日子里，恩斯特·马赫同我们永别了，他对当代自然科学家在认识论上的倾向有极大影响，他是一个具有罕见的独立判断力的人。他对观察和理解事物的毫不掩饰的喜悦心情，也就是对斯宾诺莎所谓的"对神的理智的爱"（amor dei intellectualis），如此强烈地迸发出来，以致到了高龄，还以孩子般的好奇的眼睛窥视着这个世界，使自己从理解其相互联系中求得乐趣，而没有什么别的要求。

《恩斯特·马赫》，《文集》第一卷

放弃了严格的因果性以后，合理的科学也能存在，这种情况本身就很有趣。此外，不能否认，放弃严格的因果性，在理论物理学领域里获得了重要成就。

《物理基本概念的变化》，《文集》第一卷

他（指尼耳斯·玻尔——编者）不但具有关于细节的全部知识，而且还始终坚定地注视着基本原理。他无疑是我们时代科学领域中最伟大的发现者之一。

《尼耳斯·玻尔》，《文集》第一卷

人类活动的所有领域的专业化，无疑造成了前所未见的成就，当然，这是靠个人所能了解的领域来判断的。

《物理学、哲学和科学进步》，《文集》第一卷

科学家著作

一个经过精心编辑，内容均衡的刊物，对增进科学家的见闻是必需的，因为科学家为了能够形成他自己的判断，要求熟悉科学问题、方法和结果的发展。

《祝贺阿诺耳德·柏林内尔 70 岁生日》，《文集》第一卷

人们总会舒畅地领会到作者（指马赫——编者）在并不费力地写下那些精辟的、恰如共分的话语时所一定感受到的那种愉快。但是他的著作之所以能吸引人一再去读，不仅是因为他的美好的风格给人以理智上的满足和愉快，而且还由于当他谈到人的一般的问题时，在字

里行间总是闪烁着一种善良的、慈爱的和怀着希望的喜悦的精神。

《恩斯特·马赫》，《文集》第一卷

对于他（指牛顿——编者）自然界是一本打开的书，一本他读起来毫不费力的书。他用来使经验材料变得有秩序的概念，仿佛是从经验本身，从他那些像摆弄玩具似的而又亲切地加以详尽描述的美丽的实验中，自动地涌溢出来一样。

《牛顿的〈光学〉序》，《文集》第一卷

我们看到，逻辑学家的技巧，心理学家的本能，渊博的知识和朴素的措词，在这里（指《相对论的演绎法》一书——编者）幸运地融合在一起。

《评梅邪松的书》，《文集》第三卷

我特别着迷于李希腾伯（18 世纪德国物理学家和作家——编者）的著作。我虽然已经这么大年岁，但这个人还是始终使我深受感动。我不知道有谁像他那样地对事物审察入微。

《美国的新殖民主义》，《文集》第三卷

卢克莱修这本书对于每个还没有被我们时代的精神所完全征服的人，对于每个能够从旁观的角度去观察当代和评价当代人的精神成就的人，都会产生一种迷人的作用。

《〈物性论〉序》，《文集》第一卷

我想设法替这本书（指萧伯纳著《有智慧的妇女的社会主义和资本主义指南》——编者）宣传宣传。但是，最美好的东西却是我整天和深更半夜的思索和计算才得到的……

《统一场论的重大发展》，《文集》第三卷

这理论（指"相对论"——编者）主要吸引人的地方在于逻辑上的完备性。从它推出的许多结论中，只要有一个被证明是错误的，它就必须被抛弃，要对它进行修改而不摧毁其整个结构，那似乎是不可能的。

金秋鹏：《爱因斯坦》

这本书的作者（指《相对论和认识论》的作者温特尼茨——编者）是一位能发展自己观点的有独立精神的作者，同时他对问题的物理学方面和哲学方面都具有深刻的知识。

《评 J. 温特尼茨的〈相对论和认识论〉》，《文集》第一卷

马赫的确通过他的著作对我的发展（指创立相对论——编者）有相当大的影响，对我来说是不可能弄明白的。马赫在晚年曾在相对论上花了一些精力，而且在他的一本著作的最后一版的序言（指 1921 年出版的《光学原理》序言——编者）中，甚至曾经用颇为激烈的言词表明他对于相对论的摈斥。……因为这个理论的思想的整个方向是同马赫的思想一致的，所以，可以十分正确地认为马赫是广义相对论的先驱。

《马赫同相对论的关系》，《文集》第一卷

伽利略这部书（指《关于托勒玫和哥白尼的两大世界体系的对话》——编者）的主要目的是要竭力反对任何根据权威而产生的教条。他只承认经验和周密的思考才是真理的标准。

《伽利略〈对话〉序》，《文集》第一卷

我们的科学进步得如此之快，以致原来的著作很快就会失去今天所赋予它的意义，而更好的新著作层出不穷。但是，根据原来的著作来彻底研究理论的形成过程本身却是吸引人的，而时常研究这种史料，比起我们在许多同时代人的著作中能找到对已完成的理论的现状所作的系统说明来，有可能更加深刻地理解事物的本质。

《〈爱因斯坦科学论文集〉日文版序言》，《文集》第一卷

外行人对我的工作意义得到一种夸张的印象，这不是我的过错。实际上，这是由于《通俗科学》的作者，特别是由于报纸的记者，他们把每样事情都尽量说得耸人听闻。

《广义相对论的实验》，《文集》第一卷

即使这个理论中的公理是人造的，但是理论的完全成功暗示了客观世界的高度规律性。这是人们不可能先验地预先设想的。

《客观世界的规律性和"奇迹"》，《文集》第一卷

科学知识

事实本身就能够而且应该为我们提供科学知识。

《自述》，《文集》第一卷

知识不能单从经验中得出，而只能从理智的发明同观察到的事实两者的比较中得出。

《开普勒》，《文集》第一卷

客观知识为我们达到某些目的提供了有力的工具，但是终极目标本身和要达到它的渴望却必须来自另一个源泉。应当认为只有确立了这样的目标及其相应的价值，我们的生存和我们的活动才能获得意义，这一点几乎已经没有加以论证的必要。

《目标》，《文集》第三卷

一个人如果不承认追求客观真理和知识是人的最高的和永恒的目标，他就会不受人重视。

《道德衰败》，《文集》第三卷

每一个有教养的人都知道这一点。由于知识的增长，有重大意义的专业化是不可避免的，医学也是如此，可是，在这里专业化有一个天然的界限（指体系状况——编者）。

《物理学、哲学和科学的进步》，《文集》第一卷

人们一旦有了那些足够强有力的形式条件，那么，为了创立理论，就只需要少量关于事实的知识。

《自述》，《文集》第一卷

每一门科学的理论知识都已变得非常深奥。但是人类智慧的融会

贯通能力总是被严格限制着的。因此，无可避免地，研究者个人的活动势必限于愈来愈狭小的人类知识部门里。

《祝贺柏林内尔 70 岁生日》，《文集》第一卷

要走向理论的建立，当然不存在什么逻辑道路，只能通过构造性的尝试去摸索，而这种尝试是要受支配于对事实知识的缜密考查的。

《迈克耳孙实验》，《文集》第一卷

在古希腊时期已有一些学者深信地球不是世界的自然中心，但是对宇宙的这种理解，在古代得不到真正的承认。亚里士多德和希腊天文学派继续坚持地球中心的概念，当时几乎没有谁对它有过任何怀疑。

《在哥白尼逝世 410 周年纪念会上的讲话》，《文集》第一卷

使知识活了起来，并且使它保持生气勃勃，这同解决专门问题是一样重要的。

《祝贺阿诺耳德·柏林内尔 70 岁生日》，《文集》第一卷

如果你们始终不忘掉这一点（指知识——编者），你们就会发现生活和工作的意义，并且对待别的民族和别的时代也就会有正确的态度。

《教师和学生》，《文集》第三卷

智力活动的个人主义同对科学知识的渴望，在历史上是同时出现的，而且直到现在仍然是形影不离。

《科学家的道义责任》，《文集》第三卷

在青年性格的形成时期中断了智力训练，很容易留下一个以后难以弥补的缺口。

《达伏斯的大学课程》，《文集》第三卷

只有成功与否才是决定因素。所需要的只是定下一套规则，因为没有这样的规则，就不可能取得所希望有的知识。

《物理学和实在》，《文集》第一卷

关于真理的知识本身是了不起的，可是它却很少能起指导作用，它甚至不能证明向往这种真理知识的志向是正常的和有价值的。

《目标》，《文集》第三卷

想象力比知识更重要，因为知识是有限的，而想象力概括着世界上的一切，推动着进步，并且是知识进化的源泉。严格地说，想象力是科学研究中的实在因素。

《论教育》，《文集》第一卷

这些宝贵的东西（指知识——编者）是通过同教育者亲身接触，而不是——至少主要的不是——通过教科书传授给年轻一代的。本来构成文化和保存文化的正是这个。当我把"人文学科"作为重要的东西推荐给大家的时候，我心里想的就是这个，而不是历史和哲学领域里十分枯燥的专门知识。

《培养独立思考的教育》，《文集》第三卷

你们在学校里所学到的那些奇妙的东西，都是多少代人的工作成绩，都是世界上每个国家里的热忱的努力和无尽的劳动所产生的。这一切都作为遗产交到你们手里，使你们领受它、尊重它、增进它，并且有朝一日又忠实地转交给你们的孩子们。

《教师和学生》，《文集》第三卷

他们（指爱因斯坦的学生——编者）是积极地关心认识论的。他们乐于进行关于科学的目的和方法的讨论，而从他们为自己的看法作辩护时所显示出来的那种顽强性中，可以清楚地看出这个课题（指认识论——编者）对于他们是何等重要。

《恩斯特·马赫》，《文集》第一卷

智慧并不产生于学历，而是来自对于知识的终生不懈的追求。

（美）海伦·杜卡斯：《爱因斯坦谈人生》

如果他（指斯托多拉——编者）的工作的主要来源是创造的天才，那么，另一方面，他的力量却在于对知识的情不自禁的切望和他的科学思想的非凡的清晰。

《感谢斯托多拉》，《文集》第三卷

关于"是什么"这类知识，并不能打开直接通向"应当是什么"的大门。人们可能有关于"是什么"的最明晰最完备的知识，但还不能由此导出我们人类所向往的目标应当是什么。

《目标》，《文集》第三卷

如果我们有确实可靠的知识，那必定是以理性本身为依据的。

《罗素的认识论》，《文集》第一卷

在这里，单靠真理的知识是不够的，相反，如果要不失掉这种知识，就必须以不断的努力来使它经常更新。

《论教育》，《文集》第三卷

和谐生活的天赋和敏锐的才智，一般是很少能同时享有。而他（指米凯耳——编者）却兼而有之。

《悼念贝索》，《文集》第三卷

决不要把你们的学习看成是任务，而是一个令人羡慕的机会。为了你们自己的欢乐和今后你们工作所属社会的利益，去学习……

《爱因斯坦通信选》

没有人能够否认，那些认识的理论家们曾为这一发展铺平了道路；从我自己来说，我至少知道，我曾直接地或间接地特别从休谟和马赫那里受到很大启发。

《恩斯特·马赫》，《文集》第一卷

我们的大部分知识和信仰都是通过别人所创造的语言由别人传授给我们的。

《社会和个人》，《文集》第三卷

一个希望受到应有的信任的理论，必须建立在有普遍意义的事实之上。

《理论同经验的关系》，《文集》第一卷

要做一个好学生，必须有能力去很轻快地理解所学习的东西；要心甘情愿地把精力完全集中于人们所教给你的那些东西上；要遵守秩序，把课堂上讲解的东西用笔记下来，然后自觉地做好作业。

《自述片断》，《文集》第一卷

科学一旦从它的原始阶段脱胎出来以后，仅仅靠排列的过程，已不能使理论获得进展。由经验材料作为引导，研究者宁愿提出一种思想体系，它一般地是在逻辑上，从少数几个所公理的基本假定建立起来的。我们把这样的思想体系叫作理论。

《理论和实践》，《文集》第一卷

我们还是感到不得不说几何学的命题是"真的"，其原因不难理解。几何观念所对应的是自然界里或多或少确定的客体，这些客体无疑是产生那些观念的唯一源泉。

《狭义与广义相对论浅说》，《文集》第一卷

我不久就学会了识别那些能导致深邃知识的东西，而把其他许多只是充塞耳目，会转移主要目标的东西撇开不管。

谢德铣：《名人格言》

学习知识要善于思考、思考、再思考，我就是靠这个学习方法成为科学家的。

谢德铣：《名人格言》

科学真理

相信真理是离开人类而存在的，我们这种自然观是不能得到解释或证明的。但是，这是谁也不能缺少的一种信仰。

《同泰戈尔的谈话》，《文集》第一卷

"科学的真理"这个名词，即使要给它一个准确的意义也是困难的。"真理"这个词的意义随着我们所讲的究竟是经验事实，是数学命题，还是科学理论，而各不相同。

《关于科学的真理》，《文集》第一卷

在事关真理和正义的时候，就不能区分什么大问题和小问题；因为决定人的行为的普遍原理则是不可分割的。无论谁要是在小事上不尊重真理，在重大事务上也就不能得到信任。

《为以色列"独立纪念日"准备的未完成讲稿》，《文集》第三卷

我虽然不能证明科学真理必须被看作是一种其正确性不以人为转移的真理，但是我毫不动摇地确信这一点。

《同泰戈尔的谈话》，《文集》第一卷

我们认为真理具有一种超乎人类的客观性，这种离开我们的存在、我们的经验以及我们的精神而独立的实在，是我们必不可少的——尽管我们还讲不出它究竟意味着什么。

《同泰戈尔的谈话》，《文集》第一卷

事物的这种真理必须一次又一次地为强有力的性格的人物重新加以刻勒，而且总是使之适应塑像家为之工作的那个时代的需要；如果这种真理不总是不断地重新创造出来，它就会完全被我们遗忘掉。

《恩斯特·马赫》，《文集》第一卷

至于探索真理，我从自己的痛苦的经历中有所体会：在探索中存在不少死胡同的情况下，朝着理解真正真理迈出可靠的一步，哪怕是很小的一步，该是多么艰难。

《爱因斯坦通信选》

理论所以能够成立，其根据就在于它同大量的单个观察关联着，而理论的"真理性"也正在此。

《理论和实践》，《文集》第一卷

我要做的只是以我微薄的绵力来为真理和正义服务，即使不为别人所喜欢也在所不惜。

谢德铣：《名人格言》

真理是经得起经验的考验的。

谢德铣：《名人格言》

真理总是最简单的，朴实的，明白如画的。

谢德铣：《名人格言》

今天大多数科学家似乎并不领会：科学的现状是不可能具有终极意义的。

《同香克兰的谈话》，《文集》第一卷

同我相较，真理是无比强大的，而且在我看来，试图用长矛和瘦马去保卫相对论，这是可笑的并且是堂吉诃德式的。

《〈伽利略在狱中〉读后感》，《文集》第三卷

概念与经验

在企图把庞杂的观察数据作出系统的概念表述时，科学家用上了整个概念武库，这些概念实际上是同他的母亲的奶一道吮吸来的；他很难觉察到他的这些概念中的始终有问题的特征。

《〈空间概念〉序》，《文集》第一卷

在这个进一步的发展阶段，经常使用所谓抽象的概念；而只有这个阶段，语言才成为真正的推理工具。但也正是这种发展使语言成为错误和欺诈的危险源泉。一切都取决于词和词的组合同印象世界对应程度。

《科学的共同语言》，《文集》第一卷

科学的概念体系同日常生活的概念体系之间并没有原则的区别。科学概念体系来自日常生活的概念体系，并且根据这门科学的目的和要求，作了修改而得以完成。

《空间—时间》，《文集》第一卷

正常思维的基本概念同感觉经验的复合之间的联系，只能被直觉地了解，它不能适应科学的逻辑规定。全部这些联系——没有一个这样联系是能够用概念的词句来表达的——是把科学这座大厦同概念的逻辑空架子区别开来的唯一的东西。

《物理学的实在》，《文集》第一卷

这种在排列事物时被证明是有用的概念，很容易在我们那里造成一种权威性，使我们忘记了它们的世俗来源，而把它们当作某种一成不变的既定的东西。这时，它们就会被打上"思维的必要性"、"先验地给予"等等烙印。科学前进的道路在很长一段时期内常常被这种错误弄得崎岖难行。

《恩斯特·马赫》，《文集》第一卷

需要经历一场严酷的斗争，才得到了为理论发展所必需的独立和绝对的空间概念。以后要克服这种概念，仍然也需要作同样顽强的努力——这一过程大概远还没有完结。

《〈空间概念〉序》，《文集》第一卷

事实上，我相信，甚至可以断言：在我们的思维和我们的语言表述中所出现的各种概念，从逻辑上来看，都是思维的自由创造，它们不能从感觉经验中归纳地得到。

《罗素的认识论》，《文集》第一卷

科学概念和科学语言的超国家性质，是由于它们是由一切国家和一切时代的最好的头脑所建立起来的。

《科学的共同语言》，《文集》第一卷

科学力求理解感性知觉材料之间的关系，也就是用概念来建立一种逻辑结构，使这些关系作为逻辑结果而纳入这样的逻辑结构。对构造全部结构的概念和规则的选择是自由的。只有结果才是选择的根据。那就是说，选择应当造成感性经验材料之间的正确关系。

《物理学基本概念的变化》，第一卷

他（指美国科学史家柯亨——编者）始终相信，发明科学概念，并且在这些科学概念上面建立起理论，这是人类精神一种伟大创造特性。

《同柯亨的谈话》，《文集》第一卷

一切科学，不论是自然科学还是心理学，其目的都在于使我们的经验相互协调，并且把它们纳入一个逻辑体系。

《相对论的意义片断》，《文集》第一卷

科学并不满足于提出经验规律；它倒是试图建造这样一个逻辑体系，这个体系是以为数最少的前提为依据，并把一切自然规律都包括在它的结论之中。这个体系——或者更确切地说它所代表的许多概念的总体——是同经验的对象相对应的。

《评梅耶松书》，《文集》第三卷

对应于同一个经验材料的复合，可以有几种理论，它们彼此很不相同。但是从那些由理论得出的能够加以检验的推论来看，这些理论可以是非常一致的，以致在两种理论中间难以找出彼此不同的推论来。

《理论和实验》，《文集》第一卷

在科学的兴趣范围内，关系的推导就占有主要地位。因为不依赖于那些不可靠的、带有偶然性的外部经验，而独立地去建立逻辑体系，对于人的精神来说，总是具有令人神往的诱惑力。

《非欧几里得几何和物理学》，《文集》第一卷

即使看起来观念世界是不能用逻辑的工具从经验推导出来的，而在某种意义上来说，它是人类头脑的创造，要是没有这样的创造，就不可能有科学，但尽管如此，这个观念世界还是一点也离不开我们的经验本性而独立，正像衣服是不能离开人体的形状而独立一样。

《相对论的意义片断》，《文集》第一卷

从系统的理论观点来看，我们可以设想，经验科学的发展过程就是不断的归纳过程。人们发展起各种理论，这些理论在小范围内以经验定律的形式表达大量单个观察的陈述，把这些经验定律加以比较，

就能探究出普遍性的规律。

《理论和实践》,《文集》第一卷

科学是这样一种企图,它要把我们杂乱无章的感觉经验同一种逻辑上贯彻一致的思想体系对应起来。在这种体系中,单个经验同理论结构的相互关系,必须使所得到的对应是唯一的,并且是令人信服的。

《理论物理学基础》,《文集》第一卷

科学是由思维依据某些先验的原则建立起来的某种体系。我们的科学大厦是而且应当是建筑在某些原则基础上的,而这些原则本身却不是来自经验,对此当然要毫不怀疑地加以接受。

《相对论和认识论》,《文集》第一卷

现在的经验是人所未有的东西,是同过去和将来在本质上都不同的东西,然而这种重大的差别在物理学中并不出现,也不可能出现。这种经验不能为科学所掌握,对它来说,这似乎是一种痛苦但却是无可奈何的事。

《反对实证论及其他》,《文集》第三卷

一个人的智力发展和他形成概念的方法在很大程度上是取决于语言的。这使我们体会到,语言的相同,多少就意味着精神状态的相同。在这个意义上,思维同语言是联结在一起的。

《科学的共同语言》,《文集》第一卷

大家都知道，科学不能仅仅在经验的基础上成长起来，在建立科学时，我们免不了要自由地创造概念，而这些概念的适用性可以后验地用经验的方法来检验。

《理论物理学问题的提法》，《文集》第一卷

科学并不就是一些定律的汇集，也不是许多各不相关的事实的目录。它是人类头脑用其自由发明出来的观念和概念所作的创造。

《〈物理学的进化〉片断》，《文集》第一卷

物理学中没有任何概念是先验地必然的，或者先验地正确的。唯一地决定一个概念的"生存权"的，是它同物理事件（实验）是否有清晰的和单一而无歧义的联系。

《认识论和空间问题》，《文集》第一卷

科学所研究的是那些被认为是独立于研究者个人而存在的关系。这也适用于把人本身作为研究对象的科学。科学陈述的对象还可以是我们自己创造出来的概念。像在数学中就是那样。

《科学规律和伦理定律》，《文集》第三卷

理论不应当同经验事实相矛盾。

金秋鹏：《爱因斯坦》

科学家所着眼的是那些可以观察到的现象，是关于这些现象的统觉（即综合各种感觉的印象而形成的关于统一事物的统一印象——编

者）和概念的表述。

《〈空间概念〉序》，《文集》第一卷

在他探索理论时，就不得不愈来愈听纯粹数学的形式考虑，因为实验家的物理经验不能把他提高到最抽象的领域中去。

《空间、以太和场》，《文集》第一卷

物理学的时间概念同科学思想以外的时间概念是一致的。因为后者来源于个人经验的时间次序，而这种次序我们必须作为事先规定了的东西来接受。

《空间—时间》，《文集》第一卷

科学实验

实验的检验当然是任何理论的有效性的一个必不可少的先决条件。但是一个人不可能什么事都去试一试。

《同海森伯的谈话》，《文集》第一卷

我总认为迈克耳孙（美国物理学家——编者）是科学中的艺术家。他的最大乐趣似乎来自实验本身的优美和所使用方法的精湛。他从来不认为自己在科学上是个严格的"专家"，事实上确也不是——但始终是个艺术家。

《同香克兰的谈话》，《文集》第一卷

只要有可能，任何实验都应当重做并且使之精益求精。

《同香克兰的谈话》，《文集》第一卷

当人们想通过实验来探索自然的时候，自然变得多么诡谲呀！

《科学方面有两个好消息》，《文集》第三卷

物理学之所以对医学有影响，是由于它使人信任科学方法。它还给医生以必不可少的工具和概念。它还诱导生物学家以一种非常简单的方法来处理生命现象。

《74岁生日答客问（报道）》，《文集》第三卷

科学家的目的是要得到关于自然界的一个逻辑上前后一贯的摹写。逻辑之对于他，有如比例和透视规律之对于画家一样。

《因果性和自由意志问题》，《文集》第一卷

凡是科学研究受到阻碍的地方，国家的文化生活就会枯竭。结果会使未来发展的许多可能性受到摧残。这正是我们必须防止的。

《科学的困境》，《文集》第三卷

企图以理论物理学家所要求的精密性和逻辑完备性来重视一切比较复杂的事件，这不是人类智力所能及的。高度的纯粹性、明晰性和确定性要以完整性为代价。

《探索的动机》，《文集》第一卷

外部的经历只不过浮光掠影，科学的东西才是主要的。

《关于场论以及国际联盟》，《文集》第三卷

科学家必须在庞杂的经验事实中间抓住某些可用精密公式来表示的普遍特征，由此探求自然界的普遍原理。

《理论物理学原理》，《文集》第一卷

物理学家的最高使命是要得到那些普遍的基本定律，由此世界体系就能用单纯的演绎法建立起来。要通向这些定律，并没有逻辑的道路；只有通过那种以对经验的共鸣的理解为依据的直觉，才能得到这些定律。

《探索的动机》，《文集》第一卷

他们（指纯理论工作者——编者）总是从某些最一般的原理出发，从它推出个别特殊的结论，然后再把这些结论同经验相比较。

《研究者普朗克》，《文集》第一卷

整个科学不过是日常思维的一种提炼。正因为如此，物理学家的批判性的思考就不可能只限于检查他自己特殊领域里的概念。如果他不去批判地考查一个更加困难得多的问题，即分析日常思维的本性问题，他就不能前进一步。

《物理学和实在》，《文集》第一卷

在开普勒生活的时代，人们还根本没有确信自然界是受着规律支

配的。他在没有人支持和极少数人了解的情况下，全靠自己的努力，专心致志地以几十年艰辛的和坚忍的工作，从事于行星运动的经验研究以及运动的数学定律的研究，使他获得这种力量的，是他对自然规律存在的信仰，这种信仰该是多么深挚呀！

《开普勒》，《文集》第一卷

科学的目标是在发现规律，使人们能用以把各种事实联系起来，并且能预测这些事实，但这不是它的唯一的目的。它还试图把所发现的联系归结为数目尽可能少的几个彼此独立的概念元素。正是这种把各种各样东西合理地统一起来的努力中，它取得了最伟大的成就。

《科学和宗教》，《文集》第三卷

本来理智每一活动的目标，就是要把"奇迹"转变为理智所已掌握的东西。如果在这种情况下，奇迹确实可以转变，那么我们对牛顿的才智，就只会更加钦佩。

《牛顿》，《文集》第一卷

科学迫使我们创造新的观念和新的理论。它们的任务是拆除那些常常阻碍科学向前发展的矛盾之情。所有重要的科学观念都是在跟我们的理解之间发生剧烈冲突时诞生的。

金秋鹏：《爱因斯坦》

如果你们想要从理论物理学那里发现有关他们所用方法的任何东西，我劝你们就得严格遵守这样一条原则，不要听他们的言论，而要注意他们的行动。

《关于理论物理学的方法》，《文集》第一卷

我看图画，可是我的想象力不能描述它的创作者的外貌。我看表，可是我也不能想象创造它们的钟表匠的外貌是怎样的。人类理智不能接受四维。

《论科学》，《文集》第一卷

我没有什么特别的才能，不过喜欢寻根刨底地追究问题罢了。

秦关根：《爱因斯坦》

在研究者的不倦的努力后面，潜存着一种强烈得多的，而且也是一种比较神秘的推动力；这就是人们希望去理解的存在和实在。

《在哥伦比亚大学的讲话》，《文集》第一卷

一个人要是单凭自己来进行思考，而得不到别人的思想和经验的激发，那么即使在最好的情况下，他想的也不会有什么价值，一定是单调无味的。

《论古典文学》，《文集》第三卷

物理学的发展表明，在某一时期，在所有可想象到的构造中，总有一个显得比别的都要高明得多。凡是真正深入地研究过这个问题的人，都不会否认唯一地决定理论体系的，实际上是现象世界……

《探索的动机》，《文集》第一卷

一个命题只要是按公认的方法从公理推导出来的，那么它就是正确的（"真的"）。几何学各个命题的"真理性"问题，因此就归结为公理的"真理性"问题。很久以来人们就知道，后一问题不仅是几何方法所不能回答的，而且它本身是根本没有意义的。

　　　　　　　　　　　《狭义与广义相对论浅说》，《文集》第一卷

　　逻辑简单的东西，当然不一定就是物理上真实的东西。但是，物理上真实的东西一定是逻辑上简单的东西，也就是说，它在基础上具有统一性。

　　　　　　《引力问题使我怀疑的经验论转向信仰理论》，《文集》第一卷

　　每一位严肃的科学工作者都痛苦地意识到，他们被违反本意地放到一个不断缩小着的知识领域里，这是一种威胁，它会使研究者丧失广阔眼界，并使他下降到一个匠人的水平。

　　　　　　　　　　《祝贺柏林内尔 70 岁生日》，《文集》第一卷

　　"先生们，不管你们喜欢不喜欢，科学是，并且永远是国际的。"科学家中的伟大人物毫无例外地都知道这一点，并且对它有强烈的感受，甚至在国际冲突的年代，当他们在心胸狭窄的同事中间处于孤立的时候，也坚持如此。

　　　　　　　　　　　　《科学的国际主义》，《文集》第三卷

　　一个人为人民最好的服务，是让他们去做某种提高思想境界的工作，并且由此间接地提高他们的思想境界。这尤其适用于大艺术家，

在较小的程度上也适用于科学家。当然，提高一个人的思想境界并且丰富其本性的，不是科学研究的成果，而是求理解的热情，是创造性的或者是领悟性的脑力劳动。

《善与恶》，《文集》第三卷

人不是机器，要是周围环境不允许他襟怀坦白、畅所欲言的话，人就不会生气勃勃了。

（德）F. 赫尔内克：《爱因斯坦传》

有一个公式：$A = x + y + z$，在这个公式中：

$A =$ 成功，$x =$ 干活，$y =$ 游戏，$z =$ 沉默。

秦关根：《爱因斯坦》

这些科学的描述不大可能满足我们人类的需要；关于现在有某种本质的东西恰恰是科学领域之外。

《反实证论及其他》，《文集》第三卷

一切科学陈述科学定律都有一个共同的特征：它们是"真的或假的"（适当的或者不适当的）。粗略地说来，我们对它们的反应是"是"或者是"否"。

《科学定律和伦理定律》，《文集》第三卷

凡是有强烈愿望想搞研究的人，一定会发现他自己所要走的路。

秦关根：《爱因斯坦》

一般公众对科学研究细节的了解也许只能达到一定的程度，但这至少能标出这样一个重大的收获：相信人类的思维是可靠的，自然规律是普天之下皆准的。

《科学和社会》，《文集》第三卷

　　在理智的努力中，虚假的成功往往抑制了真正的关键性的努力！

《生活和工作的感受》，《文集》第三卷

　　照理说，我应该在数学方面得到深造。可是我大部分时间却是在物理实验室里工作，迷恋于同经验直接接触。

《自述》，《文集》第一卷

　　要断定这些理论的原理是否符合实在，也许需要作多年的实验研究。在相对论中就有这样的例子。

《理论物理学的原理》，《文集》第一卷

二、哲学篇

哲学与理论

如果把哲学理解为在最普遍和最广泛的形式中对知识的追求，那么，显然哲学就可以被认为是全部科学研究之母。可是，科学的各个领域对那些研究哲学的学者们也发生强烈的影响，此外，还强烈地影响着每一代的哲学思想。

《物理学、哲学和科学的进步》，《文集》第一卷

哲学的推广必须以科学成果为基础。可是哲学的推广一经建立并广泛地被人们接受以后，它们又常常促使科学思想的进一步发展，因为它们能指示科学从许多可能着手的路线中选择一条路线。

《物理学的进化片断》，《文集》第一卷

理性和哲学虽然看来不大可能在不久的将来会成为人们的向导，但它们一如既往仍将是出类拔萃的少数人最珍爱的安身立命之所。

《哲学家和政治》，《文集》第三卷

证实一个理论的最困难的任务总是：必须把这个理论的推论发展到使它们成为在经验上可检验的地步。

《同施特恩的谈话》，《文集》第三卷

哲学上和逻辑上的大多数错误是由于人类理智倾向于把符号当作某种实在的东西而发生的。

《论科学》，《文集》第一卷

毫无疑问，任何科学工作，除完全不需要理性干预的工作以外，都是从世界的合理性和可知性这种坚定的信念出发的。

《论科学》，《文集》第一卷

认识论同科学的相互关系是值得注意的。它们互为依存。认识论要不同科学接触，就会成为一个空架子。科学要是没有认识论——只要这是真是可以设想的——就是原始的混乱的东西。

《对批评的回答》，《文集》第一卷

科学研究的结果，往往使那些范围远远超出有限的科学领域本身的问题的哲学观点发生变化。

《物理学的进化片断》，《文集》第一卷

寻求一个明确体系的认识论者，一旦他要力求贯彻这样的体系，他就会倾向于按照他的体系的意义来解释科学的思想内容，同时排斥那些不适合于他的体系的东西。

《对批评的回答》，《文集》第一卷

我相信存在着这样一种适当的理论，它所依据的是一种关于在空间—时间中扩延的假想客体及共有规律的关系的假定。

《关于"实在"问题的讨论》，《文集》第一卷

如果人体的某一部分出了毛病，那么，只有很好地了解整个复杂机体的人，才能医好它，在更复杂的情况下，只有这样的人，才能正确地理解病因。因此，对于医生来说，普遍的因果关系的深刻知识具有头等重要意义。

《物理学、哲学和科学进步》，《文集》第一卷

理论的正确性是由理论的结论同人的经验的符合程度来判断的。只有通过经验，我们才能对实在作出一些推断……

《量子力学描述的完备性问题》，《文集》第一卷

各种理论之间只存在程度上的差异，从基本概念到可以受经验检验的结论的思维道路，具有不同的长短和曲折。

《对马赫的评价及其他》，《文集》第三卷

理论一旦存在，结论也就存在，就无法把它隐瞒起来，不论多长时间都不行。

《给伊萨克的信》，《文集》第三卷

理论越向前发展，以下情况就越清楚：从经验事实中是不能归纳出基本规律来的。

《特殊和一般，直觉和逻辑》，《文集》第三卷

一种理论的前提的简单性越大，它所涉及的事物的种类越多，它的应用范围越广，它给人们的印象也就越深。

《自述》，《文集》第一卷

我深信，以统计学为基础的理论，尽管取得很大成功，但还是停留在事物的表面，人们必须以广义相对论的原则为依据，即以真空引力方程的推广为依据。

《关于统一场论》，《文集》第三卷

从逻辑观点来看，如果一种理论并不是从那些等价的和以类似方式构造起来的理论中任意选出的，那么我们就给予这种理论以较高的评价。

《自述》，《文集》第一卷

理论不应当同经验事实相矛盾。这个要求初看起来，似乎很明显，但应用起来却非常伤脑筋。因为人们常常，甚至总是可以用人为的补充假设来使理论同事实相适应，从而坚持一种普遍的理论基础。

《自述》，《文集》第一卷

我们必须把作为指向理论的一个公设的因果性和作为指向可观察量的一个公设的因果性区别开来。后者这一要求始终得不到满足——经验的因果性并不存在——而且以后还将仍然如此。

《同施特恩的谈话》，《文集》第三卷

实际上，中心问题不是"因果性"问题，而是实在的存在问题，以及是否存在某种对于在理论上加以描素的实在严格有效的（非统计学的）定律的问题。对于可观察事物不存在这样的定律，是至为明显的。

《要掌握事物本质是困难的》，《文集》第三卷

马赫的哲学研究，仅仅是从这样一种愿望出发，那就是他想获得一种观点，从这种观点出发，他毕生所从事的各个不同科学部门就可以理解为一种统一的事业。

《恩斯特·马赫》，《文集》第一卷

人们不要以为牛顿的伟大工作，真的能够被这一理论或者任何别的理论所代替。作为自然哲学领域里，我们整个近代概念结构的基础，他的伟大而明晰的观念，对于一切时代，都将保持着它的独特的意义。

《什么是相对论》，《文集》第一卷

这个体系，理性要使它同全部实验数据，也就是同我们所经验到的一切一致起来，它必须符合科学以前关于实物世界的观念。因此，整个科学是建立在哲学实在论体系之上的。

《评梅耶松的书》，《文集》第三卷

一个理论可以用经验来检验，但是，并没有从经验建立理论的道路。

《自述》，《文集》第一卷

要是实证论现在被放宽到这样的程度（指比喻：当船在海洋上航行的时候再来重建这条船——编者），那就会同我们的想法以及任何其他哲学观点不再有任何分歧了。

《反对实证论及其他》，《文集》第三卷

关于宇宙的本性，有两种不同的看法：世界是依存于人的统一整体；世界是离开人的精神而独立的实在。

《同泰戈尔的谈话》，《文集》第一卷

我们必须概括地说：可以设想某些有广延的物理客体，对于它们，任何运动概念都是不能应用的。

《以太和相对论》，《文集》第一卷

从希腊哲学到现代物理学的整个科学史中，不断有人力图把表面上复杂的自然现象归结为一些简单的基本观念和关系。这就是一切自然哲学的基本原理。

《物理学的进化片断》，《文集》第一卷

我要指出，空间—时间未必能被看作是一种可以离开物理实在的实际客体而独立存在的东西。物理客体不是在空间之中，而是这些客体有着空间的广延。

《〈相对论浅说〉英译本说明》，《文集》第一卷

我认为，把因果性看成现在和将来之间时间上的必然序列，这样

一种公式是太狭窄了。那只是因果律的一种形式——而不是唯一的形式。

《同施特恩的谈话》,《文集》第三卷

依我看来,康德哲学中最重要的东西,是他所说的构成科学的先验概念。现在有两个相反的观点:一个是康德的先验论,依照它,某些概念是预先存在于我们的意识中的;另一个是彭加勒的约定论。两者在这一点上是一致的,即都认为要构成科学。

《论康德和马赫》,《文集》第一卷

感 觉

命运总是取决于个人所感觉的、所想要的和所做的是什么。

《祝高尔基 65 岁生日的贺信》,《文集》第三卷

我的感觉所给予我们的东西,只有通过一种概念的构造,才能变成一种世界观。因此,不能断言可观察的世界的后面,不存在一个"客观的实在"世界,因为这种可观察的世界本身并不存在——也就是说,世界并不是由我们的感觉给予我们的。

《同施特恩谈话》,《文集》第三卷

从那些看来同直接可见的真理十分不同的各种复杂的现象中,认识到它的统一性,那是一种壮丽的感觉。

《失业的痛苦和探索自然界统一性的乐趣》,《文集》第三卷

感觉印象之间产生了某种秩序，这种秩序的产生，是通过普遍概念及其相互关系的创造，并且通过这些概念同感觉经验的某种确定的关系。

《物理学和实在》，《文集》第一卷

我们用感性知觉只能间接地得到关于外世界的客体的知识。广义的物理学所面临的任务，是建立这样一些关于实际发生的事件和现象的概念，以便在那些为我们的感官所感知的知觉之间确立起有规律的联系。

《理论物理学的提法》，《文集》第一卷

从哲学观点来看，这种世界观同朴素实在论紧密地联系着，因为，后者的拥护者认为，我们的世界的客体是感性知觉直接给予我们的。

《物理学、哲学和科学进步》，《文集》第一卷

各人的某些感官知觉是彼此互相对应的，而对另一些感官知觉却不能建立起这种对应。那些对于各个人都是共同的感官知觉，因而多少也是非个人所特有的感官知觉，我们在习惯上把它们当作实在的。

《相对论的意义片断》，《文集》第一卷

广泛的事实材料对于建立可望成功的理论是必不可少的。材料本身并不是一个演绎性理论的出发点，但是，在这材料的影响下，可以找到一个普遍原理，这个原理又可以作为逻辑性（演绎性）理论的出

发点。

《特殊和一般、直觉和逻辑》，《文集》第三卷

事实上，断定"实在"是独立于我的感觉而存在的，这是理智构造的结果。我们恰巧相信这种构造，要超过用我们的感觉所作的那些解释。

《关于"实在"问题的讨论》，《文集》第一卷

可是我相信，我们需要有一个概念世界来把我们的感觉变成可以为思想所利用的东西。认为我们知觉到这个世界，那是幻想。当我们说我们知觉到这个世界，我们就已经把我们的感觉转化成概念的东西了。

《同施特恩的谈话》，《文集》第三卷

只有我们观察到的东西才是存在的。但是这种说法显然也是错误的，因为可观察的世界并不"存在"。我们所观察到的不是世界。

《同施特恩的谈话》，《文集》第三卷

人们逐渐承认了这样一种信念，认为一切关于事物的认识，不过是对感觉所提供的素材的一种加工。

《罗素的认识论》，《文集》第一卷

凡是不能观察到的，都是不存在的。但是这种观点在科学上是站不住脚的，因为人们究竟"能够"观察到什么或者"不能够"观察到

什么，那是不可能作出有效的断言的。

《同施特恩的谈话》，《文集》第三卷

即使在我们日常生活中，我们也不得不认为我们所用的物品都具有离开人而独立的实在性。我们所以这样认为，那是为了要用一种合理的方式来确定我们感官所提供的各种材料之间的相互关系。

《同泰戈尔的谈话》，《文集》第一卷

一个人把实际观察到的东西记在心中，会有启发性帮助的，我这样说，也许能够更加灵活地解释它。但是在原则上，试图单靠可观察量来建立理论，那是完全错误的。

《同海森伯的谈话》，《文集》第一卷

根据一个建立在一些具有最大简单性的前提之上的概念体系，能够"理解"所有感觉经验的总和。怀疑论者会说，这是一种"不可思议的信条"。事情虽然如此，但是这个"不可思议的信条"已由科学的发展给以惊人的支持。

《广义引力论》，《文集》第一卷

观察是一个十分复杂的过程。观察下的现象，在我们的量度装置中产生某些事件。结果，进一步的过程又在这套装置中发生，它们通过复杂的途径，最后产生了感觉印象，并帮助我们把这些感受在我们的意识中固定下来。

《同海森伯的谈话》，《文集》第一卷

我们的心理经验包括一个丰富多彩的序列：感觉经验，对它们的记忆形象、表象和情感。物理学同心理学完全不同，它只直接处理感觉经验以及对它们之间关系的"理解"。但是，甚至连日常思维中的实在的外在世界这一概念也完全是以感觉印象为根据的。

《物理学和实在》，《文集》第一卷

我们的一切思想和概念都是由感觉经验引起的，它们只有在涉及这些感觉经验时才有意义。

《时间—空间》，《文集》第一卷

我们对于那些有关实在的想法表示信赖或相信，仅仅根据于如下的事实：这些概念和关系同我们的感觉具有"对应"的关系。我们陈述的"真理"内容就在这里建立起来。在日常生活中和在科学中就都是这样。

《给塞缪耳的信》，《文集》第一卷

在我们能够宣称已经在最低程度上观察了任何东西之前，我们必定能够说出自然界是怎样起作用的。必定至少用实践的语言知道了自然规律。只有理论即只有关于自然规律的知识，才能使我们从感觉印象推论出基本现象。

《同海森伯的谈话》，《文集》第一卷

如果对应于一系列外界事件的经验的时间次序，对于所有的人都是一样，那么这种客观化的过程就不会碰到困难，对于那些在我们日常生活中直接的视觉来说，这种对应是严格正确的。

《空间—时间》，《文集》第一卷

几何—物理理论本身不能直接描绘出来，因为它只是一组概念。但是这些概念能用来把各种各样实在的或者想象的感觉经验在头脑里联系起来。因此，使理论"形象化"，就意味着想起那些为理论给以系统排列的许多可感觉的经验。

《几何学和经验》，《文集》第一卷

按照朴素实在论，事物"都是"像它们通过我们的感官而被我们知觉到的那样。这种幻想支配着人和动物的日常生活；它也是一切科学，尤其是自然科学的出发点。

《罗素的认识论》，《文集》第一卷

逻辑基础愈来愈远离经验事实，而且我们从根本基础通向那些同感觉经验相关联的导出命题的思想路线，也不断地变得愈来愈艰难，愈来愈漫长了。

《物理学和实在》，《文集》第一卷

事实上，"实在"决不是直接给予我们的。给予我们的只不过是我们的知觉材料；而其中只有那些容许用无歧义的语言来表述的材料才构成科学的原料。从知觉材料到达"实在"，到达理智，只有一条途径，那就是有意识的或无意识的理智构造的途径，它完全是自由地和任意地进行的。

《关于"实在"问题的讨论》，《文集》第一卷

唯有经验能够判定真理。然而，如果我们成功地用公式表述了一个富有意义的、严谨的问题，我们就已取得了一些成绩。不管已知的经验事实多么丰富，要证实或者要驳倒都不会容易的。

《广义引力论》，《文集》第一卷

广泛的事实材料对于建立可望成功的理论是必不可少的。

《爱因斯坦通信选》

虽然事件和经验事实是整个科学的基础，但是它们并不构成科学的内容和它的真正本质；它们不过是组成这门科学的题材的资料。对实验事实之间的经验关系的简单观察，在他看来，并不代表科学的唯一目的。

《评梅耶松的书》，《文集》第三卷

思维与逻辑

日常思维的基本概念同感觉经验的复合之间的联系，只能被直觉地了解，它不能适应科学的逻辑规定。

《物理学和实在》，《文集》第一卷

我们的一切思维都是概念的一种自由游戏；至于这种游戏的合理

性，那就要看我们借助于它来概括感觉经验所能达到的程度。

《自述》，《文集》第一卷

我觉得，只有大胆的思辨而不是经验的堆积，才能使我们进步。

《只有大胆的思辨，不要经验堆积》，《文集》第三卷

作为一个普遍规律，适度的动动脑筋不但不会妨碍医疗，而且正像适度的体力活动一样，反而会间接地促进恢复健康。

《达伏斯的大学课程》，《文集》第三卷

我发现某种简直使我生气的东西：思辨竟显得比经验更高超。

《理论必须以经验事实为依据》，《文集》第三卷

思想是人的组织因素，它贯穿在作为起因的原始本能和作为结果而产生的行动这两者之间。这样，为原始本能服务的想象和理智就进入我们的生活之中。

《道德和感情》，《文集》第三卷

即使是最明晰的逻辑数学理论，它本身也不能使真理得到保证；要不是用自然科学中的最准确的观察来检验，它也会是毫无意义的。

《开普勒》，《文集》第一卷

纯粹的逻辑思维不能给我们任何关于经验世界的知识；一切关于

实在的知识，都是从经验开始，又终结于经验。

《理论物理学方法》，《文集》第一卷

有些概念，比如因果性概念，是不能用逻辑方法从经验材料中推导出来的。康德确信某些概念是不可缺少的，他认为这些概念——它们正是这样挑选出来的——是任何思维的必要前提，并且把它们同那些来自经验的概念区别开来。但是，我相信，这种区别是错误的，那就是说，它不是按自然的方式来正确对待问题的。

《自述》，《文集》第一卷

为了以逻辑上最完善的方式来正确地处理所知觉到的事实，我们必须经常准备改变这些观念——也就是说，准备改变物理学的公理基础。

《麦克斯韦的影响》，《文集》第一卷

通过特殊的想象构造，我们可以毫无困难地给这些观念以更大的深度和活力……我今天唯一的目的是要指出，人的形象思维对于非欧几里得几何决不注定是无能为力的。

《几何学和经验》，《文集》第一卷

命题如果是在某一逻辑体系里按照公认的逻辑规则推导出来的，它就是正确的。体系所具有的真理内容，取决于它同经验总和的对应可能性的可靠性和完备性。

《自述》，《文集》第一卷

一个概念愈是普遍，它愈是频繁地进入我们的思维之中；它同感觉之间的关系愈间接，我们要了解它的意义也就愈困难；对于那些我们从童年时代起，就用惯了的科学以前的概念来说，尤其是如此。

《空间—时间》，《文集》第一卷

一般可以这样说：从特殊到一般的道路是直觉性的，而从一般到特殊的道路则是逻辑性的。

《特殊和一般，直觉和逻辑》，《文集》第三卷

从纯逻辑看来，一切公理都是任意的，伦理公理也是如此。但是从心理学和遗传学的观点看来，它们决不是任意的。它们是从我们天生的避免苦痛和灭亡的倾向，也是从个人所积累起来的，对于他人行为的感情反应推导出来的。

《科学定律和伦理定律》，《文集》第三卷

相信有一个离开知觉主体而独立的外在世界，是一切自然科学的基础。但是，既然感官知觉只是间接地提供关于这个外在世界或"物理实在"的信息，我们就只能用思辨的方法来把握它。

《麦克斯韦对物理实在观念发展的影响》，《文集》第一卷

任何一种思辨思维，它的概念经过比较仔细的考察之后，都会显露出它们所产生的经验材料。把经验的态度同演绎的态度截然对立起来，那是错误的，而且也不代表伽利略的思想。

《伽利略〈对话〉序》，《文集》第一卷

它们（指思维和概念—编者）又都是我们头脑的自发的产物；所以它们决不是这些感觉经验内容的逻辑推论。因此，如果我们要掌握抽象观念复合的本质，我们就必须一方面研究这些概念同那些对它们所作的论断之间相互关系；另一方面，我们还必须研究它们同经验是怎样联系起来的。

《空间—时间》，《文集》第一卷

规　律

相信那些对于现存世界有效的规律，能够是合乎理性的，也就是说，可以由理性来理解的。

《科学和宗教》，《文集》第三卷

相信自然现象必然遵守因果规律，归根到底仅仅是以有限的成就为基础的，这些成就是作为人类理智为确立自然现象之间的相互关系所作的努力的结果而获得的。

《物理基本概念的变化》，《文集》第一卷

人们断言，一切自然规律"在原则"上都是统计性的，只是由于我们观察操作不完善，我们才受骗去信仰严格的因果性。

《物理基本概念的变化》，《文集》第一卷

认为普遍定律的适当表达方式必然要利用完备描素所必需的一切概念元素，这种期望，对于我则更加自然。而且，完全不必奇怪，在应用不完备描素时，从这样的描素中所能得出的，（大概）只是统计性的陈述。

《对批评的回答》，《文集》第一卷

原始人根据同自己的意志活动的类比，企图把所有发生的事件都归因于某种看不见的精灵的意志的表现。因此，关于对自然界作严格因果解释的假设并不是起源于人类精神。它是人类理智长期适应的结果。

《物理学基本概念的变化》，《文集》第一卷

承认有奇点，在我看来并不是正确的途径。我认为要取得真正的进步，我们必须再一次找一个更加真正符合自然的普遍原理。

《对几种统一场论的评价》，《文集》第三卷

如果客体在某一时刻的状态完全是已知的，那么，它们在任何时刻的状态，就完全是由自然规律决定的。当我们谈论"因果性"时指的就是这一点。

《物理学、哲学和科学进步》，《文集》第一卷

我们也可以（而且确实应该）设想世界是服从一定规律的，但这些规律只是思维的安排能力所造成的，就像语言中字母的排列顺序那样的规律。但是，像牛顿引力理论所创造的规律性则是一种完全不同性质的规律性。即使这个理论中的公理是人造的，但是理论的完全成功暗示了客观世界的高度规律性。

《客观世界的规律和"奇迹"》，《文集》第一卷

真正的定律不可能是线性的，而且也不可能从这些线性方程中得到。

《自述》，《文集》第一卷

自然界是这样构成的，它使得人们在逻辑上有可能规定这样一些十分确定的定律，而在这些定律中只能出现一些完全合理地确定了的常数。

《自述》，《文集》第一卷

可是科学家却一心一意相信普遍的因果关系。在他看来，未来同过去一样，它的每一个细节都是必然的和确定的。

《科学的宗教精神》，《文集》第一卷

现在我相信，控制自然界的规律，要比今天我们说某一事件是另一事件的原因时所猜测的更为严格和更有束缚力。

《因果性和自由意志问题》，《文集》第一卷

对于实在状态恰恰不存在任何规律，因而，对它的完备描素是无意义的。换句话说，这意味着：规律所涉及的不是事物本身，而只涉及我们通过观察所感知的东西。

《要大胆思辨，不要经验堆积》，《文集》第三卷

因果性只是两个间断之间的一种联系。这就构成了因果律，因为

它符合广义相对论。

《同施特恩的谈话》，《文集》第三卷

作为理论物理学结构基础的普遍定律，应当对任何自然现象都有效。有了它们，就有可能借助于单纯的演绎得出一切自然过程（包括生命）的描素，也就是说，得出这些过程的理论，只要这种演绎过程并不太多地超出人类理智能力。

《探索的动机》，《文集》第一卷

我们能够描述自然界，而自然界的规律不是只讲可能性及其变化，而是讲实体在时间上的变化。我不是一个实证论者，我相信外部实在的世界构成一个我们不可放弃的基础。

《同施特恩的谈话》，《文集》第三卷

方　法

理论家的方法，在于应用那些作为基础的普遍假设或者"原理"，从而导出结论。……他必须首先发现原理，然后从这些原理推导出结论。

《理论物理学的原理》，《文集》第一卷

适用于科学幼年时代的以归纳为主的方法，正在让位给探索性的演绎法。

《空间、以太和场》，《文集》第一卷

科学方法带给人类哪些希望和忧虑呢？我不认为这是提问题的正确方法。这个工具在人的手中究竟会产生出些什么，那完全取决于人类所向往的目标的性质。只要存在着这些目标，科学方法就提供了实现这些目标的手段。可是它不能提供这些目标本身。科学方法本身不会引我们到哪里去的，要是没有追求清晰理解的热忱，甚至根本就不会产生科学方法。

《科学的共同语言》，《文集》第一卷

正确的命题是从它所属的体系的真理内容中取得其"真理性"的。

《自述》，《文集》第一卷

形成概念的科学方法之不同于我们在日常生活中所用的方法的，不是在根本上，而只是在于概念和结论有比较严格的定义；在于实验材料的选择比较谨慎和有系统；同时也在于逻辑上比较经济。

《理论物理学基础》，《文集》第一卷

一切方法的背后如果没有一种生气勃勃的精神，它们到头来都不过是笨拙的工具。但是如果渴望达到这个目标的念头是强烈地活跃在我们的心里，那么我们就不会缺少干劲，去寻找达到这个目标并且把它化为行动的方法。

《目标》，《文集》第三卷

我对自然知识的兴趣，无疑地也比较强；而且作为一个学生我还不清楚，在物理学中，通向更深入的基本知识的道路是同最精密的数学方法联系着的。

《自述》，《文集》第一卷

要达到关于知识的理论，不可能通过对逻辑性的思维和思辨进行分析，而只能通过对经验的观察资料进行考查和直觉的理解。

《评梅耶松的书》，《文集》第三卷

只有在逻辑联系方面，科学才能为道德问题提供一定的规范，也只有在怎样实现道德所企求的目标这个问题上，科学才能提出一些方法。至于怎样决定这些道德的目标的本身，就完全超出科学的范围了。

《对实在的理性本质的信赖及其他》，《文集》第一卷

科学方法所能告诉我们的，不过是各种事实是怎样相互联系、相互制约的。而想要获得这种客观知识的志向，则是人们能有的一种最高尚的志向。

《目标》，《文集》第三卷

暂时的成功较之原则性的考虑，对于几乎所有的人，都具有更大的说服力，时兴的东西总是使人迷惑，即使在一段时间内。

《对量子力学的看法》，《文集》第三卷

这种公式（指某些精密公式——编者）一旦胜利完成以后，推理

就一个接着一个，它们往往显示出一些预料不到的关系，远远超过这些原理所依据的实在的范围。

《理论物理学原理》，《文集》第一卷

　　因为我们爱好"理解"，就是爱好通过逻辑过程，把现象归结为某种已知的或者（看来是）明显的东西。当我们碰到不能用现有理论去"解释"的新事实时，首先必需的是新理论。但是建立这种新理论的动机，可以说是平凡的，是从外面强加上去的。另外还有一种重要性并不更小些的比较微妙的动机。这就是力求整个理论前提的统一和简化。

《关于广义引力论》，《文集》第一卷

　　它（指理论观念——编者）是由创造性的行为产生出来的。一个理论观念一旦获得了，人们就不妨抓紧它，一直到了它导致一个站不住脚的结论为止。

《广义引力论》，《文集》第一卷

　　但是，在我看来，理论的原则上的统计性，肯定不过是描素不完备的后果。这里并不涉及理论的决定论的性质；只要人们还不知道要确定"初态"（起始式样）时需要给予些什么，理论的决定论的性质，当然就是一个完全模糊的概念。

《实在和完备的描述》，《文集》第一卷

　　用尽可能简短的形式，来表述一系列概念的进程，而又足以完整地把发展的连续性彻底保存下来，那是有点吸引人的。我们要尽量按照这样的方式来处理相对论，并且要表明全部的进程是由许多微小的而几乎自明的思考步骤所组成。

《相对论发展简述》，《文集》第一卷

如果有人赞成把人类从地球上消灭掉作为一个目标，人们就不能从纯理性的立场来驳倒这种观点。但是如果有些目标和价值是大家一致同意的，人们就能够合理地来议论达到这个目标的手段。

《自由和科学》，《文集》第三卷

像我们这种工作，需要注意两点：毫不疲倦的坚持性和随时准备抛弃我们为之花费了许多时间和劳动的任何东西。

金秋鹏：《爱因斯坦》

三、人生篇

人　生

人只有献身于社会，才能找出那短暂而有风险的生命的意义。

秦关根：《爱因斯坦》

对我来说，生命的意义在于设身处地替人着想，忧他人之忧，乐他人之乐。

秦关根：《爱因斯坦》

一个人对社会的价值首先取决于他的感情、思想和行动对增进人类利益有多大作用。

《社会和个人》，《文集》第三卷

不论是在弥留之际，或是在此以前，我都不会向自己提出这个问题。自然界不是工程师或承包商，而我自己是自然界的一部分。

《爱因斯坦通信选》

可是，除了这条颇为抽象的途径以外，我们决不可忘记那些至高的和永久的价值，唯有它们，生活才有意义，我们应当尽可能把它们作为一份遗产传给我们的子孙，而这份遗产该比我们从自己的父母手里接受下来的那一份还要更加纯净，更加丰富。像你们所做的那种高尚的努力，将会有助于这个目标的实现。

《文明和科学》，《文集》第三卷

一个人只有以他全部的力量和精力致力于某一事业时，才能成为一个真正的大师。

《爱因斯坦通信选》

凡是对人类和人类生活的提高最有贡献的人，应当是最受爱戴的人，这在原则上是正确的。但如果人们进一步问这些人是谁，那就会碰到不小的困难。

《善与恶》，《文集》第三卷

凡是认为他自己的生命和人类的生命是无意义的人，他不仅是不幸得很，而且难以适应生活。

《人生的意义》，《文集》第三卷

一个人的真正价值首先决定于他在什么程度上和在什么意义上从自我解放出来。

《人生的真正价值》，《文集》第三卷

我自己就体会到，既要从事呕心沥血的脑力劳动，又要保持着做一个完整的人，那是多么困难呀。

《知识分子和政治问题》，《文集》第三卷

要记住，那些优秀和高尚的人总是孤独的——也必须这样——而也就是因为这样，他们能够孤芳自得。

《爱因斯坦通信选》

要是没有志同道合者之间的亲切感情，要不是全神贯注于客观世界——那个在艺术和科学工作领域里永远达不到的对象，那么在我看来，生活就会是空虚的。

《我的世界观》，《文集》第三卷

一个天生自由和严谨的人固然可以被消灭，但是，这样的人决不可能被奴役，或者当作一个盲目的工具听任使唤。

《科学家的道义责任》，《文集》第三卷

一个人很难知道他自己的生活中什么是有意义的，当然也不应当以此去打扰别人。鱼对于它终生都在其中游泳的水又知道些什么呢？

《自白》，《文集》第三卷

苦和甜来自外界，坚强则来自内心，来自一个人的自我努力。我所做的绝大部分事情都是我自己的本性驱使我去做的。

《自白》，《文集》第三卷

我们这些总有一死的人的命运是多么奇特呀！我们每个人在这个世界上都只作一个短暂的逗留，目的何在却无所知，尽管有时以为对此若有所感。

《我的世界观》，《文集》第三卷

人在出生时，通过遗传已得到了一种生物学上的素质，我们应当把它看作是固定的和不变的，这种素质包括那些作为人类特征的自然冲动。

《为什么要社会主义》，《文集》第三卷

个人之所以成为个人，以及他的生存之所以有意义，与其说是靠着他人的力量，不如说是由于他是伟大人类社会的一个成员，从生到死，社会都支配着他的物质生活和精神生活。

《社会和个人》，《文集》第三卷

一个人如果生下来就离群独居，那么他的思想和感情所保留的原始性和兽性就会达到我们难以想象的程度。

《社会和个人》，《文集》第三卷

头脑清醒的人总是深切地体会到人生是一种冒险，生命永远必须从死亡中去夺取。

《恶运的十年》，《文集》第三卷

真正有价值的东西不是出自雄心壮志或单纯的责任感，而是出自对人和对客观事物的热爱和专心。

《爱因斯坦通信选》

个人的生命既然是有自然界限的，使得它在结束时会像艺术作品那样表现出来，这难道还不能使我们感到一定的满足吗？

《悼念保耳·朗之万》，《文集》第一卷

一个人的兴趣爱好极其深邃，以致他同别的人多少有点疏远，这也是件好事，因为，否则的话，就很难保持这种生活的乐趣。

《我还是以昔日的喜悦努力钻研问题》，《文集》第三卷

我们甚至也不应当把人类作为一个抽象的整体而奉为神圣。只有个人才赋有灵魂。个人崇高的天命是服务，而不是统治，也不是以别的任何方式把自己强加于别人。

《目标》，《文集》第三卷

谁要想成为羊群中无瑕无疵的一员，他就必须首先自己变成一只羊。

（美）海伦·杜卡斯：《爱因斯坦谈人生》

很少有人能心平气和地表达同他们社会环境所形成的偏见有所不同的见解。大多数人甚至不能形成这样的见解。

《给莱奥·贝克的献词》，《文集》第三卷

观察和理解的乐趣，是大自然的最优美的礼物。

《给莱奥·贝克的献词》，《文集》第三卷

应该向那种人致敬，他一生乐于助人，不知害怕，他既无野心又无抱怨。具有这种素质的人，是我们学习的典范，从他们身上，人类在他们自己制造的苦难中获得了慰藉。

《爱因斯坦通信选》

企图兼有智慧和权力，极少能获得成功，即使成功，也不过是昙花一现。

《给莱奥·贝克的献词》，《文集》第三卷

一个人用毕生的精力掌握了一点真理，如果他见到别人真正理解他的工作，对他的工作感到满意，这就是最好的奖赏。

《爱因斯坦通信选》

一个修养有素的人总是渴望逃避个人生活而进入客观知觉和思维的世界；这种愿望好比城市里的人渴望逃避喧嚣拥挤的环境，而到高山上去享受幽静的生活……

《探索的动机》，《文集》第一卷

人人都确实感到自己作为个人的价值。没有谁在别人或者别的阶级面前低声下气。即使财产上有很大差别，即使少数人有特殊的权力，也无损于人们的这种健康的自信，以及对同胞们的尊严的自然尊重。

《黑人问题》，《文集》第三卷

一个获得成功的人，从他同胞那里所取得的，总是无可比拟地超过他对他们所做的贡献。然而看一个人的价值，应当看他贡献什么，而不应当看他取得什么。

《论教育》，《文集》第三卷

个人的生命只有当它用来使一切有生命的东西都生活得更高尚、更优美时才有意义。生命是神圣的，也就是说它的价值最高，对于它，其他一切价值都是次一等的。

《有没有一种犹太人的生命观》，《文集》第三卷

我总是生活在寂寞之中，这种寂寞在青年时使我感到痛苦，但在成年时却觉得其味无穷。

《自白》，《文集》第三卷

一个人要是住在虚无缥缈之乡，他不难成为一个理想主义者。

《悼念拉特瑙》，《文集》第三卷

我绝对深信，世界上的财富并不能帮助人类进步，即使它掌握在那些对这事业最热诚的人的手里也是如此。只有伟大而纯洁的人物榜样，才能引导我们具有高尚的思想和行为。

《关于财富》，《文集》第三卷

我们很少知道，我们同时代人怎样解决个人同既定的人性和非人

性的条件的关系问题，怎样获得内心的安静和信心，而没有这些，就既不可能和谐地生活，也不可能进行工作。

《斯宾诺莎》序，《文集》第一卷

我们的行动都受冲动所支配，而这些冲动加以有机的组合，使得我们的行动，通常总是适合于保存我们自己和保存我们的种族。

《道德和感情》，《文集》第三卷

追求与探索

对真理和知识的追求并为之奋斗，是人类最高品质之一，——尽管把这种自豪感喊得最响的却往往是那些努力最小的人。

《人类生活的目标》，《文集》第三卷

学习，不断地追求真理和美，是使我们能永葆青春的活动范围。

《爱因斯坦通信选》

如果一个人不满足于知道一些表面现象而要深入探索，这项工作就非常艰苦。

（美）海伦·杜卡斯：《爱因斯坦谈人生》

客观地衡量，一个人以热情奋斗所获得的真理实在微乎其微；但奋斗能使我们解脱自身的束缚，并使我们成为最优秀、最伟大的人物的同体。

《爱因斯坦通信选》

在我们的一切努力中，在每次新旧观点之间的戏剧性的冲突中，我们都认识到求理解的永恒的欲望，以及对于我们世界的和谐的坚定信念，都随着理解的障碍的增长而不断地加强。

《物理学的进化片断》，《文集》第一卷

对真理的追求要比对真理的占有更为可贵。

《理论物理学基础》，《文集》第一卷

为寻求真理的努力所付出的代价，总是比不担风险地占有它要高昂得多。

《自述片断》，《文集》第一卷

我原先也想当工程师，但当工程师得把创造才能用之于物质，终日煞费苦心，而所有这些只不过是为了令人乏味的赚钱，这种思想是我所不能接受的。我是为思考而思考，就像音乐家为创作而创作一样！……当我的脑子里没有考虑什么专门问题时，我喜欢重新研究我早就熟悉的数学和物理定理。研究的目的无他，只不过藉以沉湎在愉快的思考之中罢了……

《爱因斯坦通信选》

当人们认识到，为要达到一个目的就要用到一定的手段，那时，手段本身也就成为一种目的。理智使我们弄清楚手段同目的的相互关系。

《目标》，《文集》第三卷

人一旦发现了正确的道路，就能作出多大的牺牲。

《给〈改造〉杂志的声明》，《文集》第三卷

不管时代的潮流和社会的风尚怎样，人总可以凭着自己高贵的品质，超脱时代和社会，走自己正确的道路。现在，大家都为了电冰箱、汽车、房子而奔波、追逐、竞争。这是我们这个时代的特征了。但是也还有不少人，他们不追求这些物质的东西，他们追求理想和真理，得到了内心的自由和安宁。

秦关根：《爱因斯坦》

要追究一个人自己或一切生物生存的意义或目的，从客观的观点看来，我总觉得是愚蠢可笑的。可是每个人都有一定的理想，这种理想决定着他的努力和判断的方向。

《我的世界观》，《文集》第三卷

只有把整个身心全部奉献给自己的事业的人，才有希望成为名副其实的大师，因此大师的高超能力需要一个人的全部心血。

（美）海伦·杜卡斯：《爱因斯坦谈人生》

我学科学的动机是迫切地希望了解自然界的秘密，并没有别的想法。我热爱正义，我为了改善人类环境而努力贡献自己的力量，则和我们科学爱好毫不相干。

《爱因斯坦通信选》

　　至于探索真理，我从自己的痛苦的经历中有所体会：在探索中存在不少死胡同的情况下，朝着理解真正的真理迈出可靠的一步，哪怕是很小的一步，该是多么艰难。

《爱因斯坦通信选》

　　在每个人的日常生活中，很可能出现决定一个人思想行动方向的一些外界事件，但这些事件对大多数人不起作用。对我来说，小时候我爸爸给了我一个罗盘，这件事给我的印象很深，无疑在我一生中起了很大的作用。

　　我第一次阅读雷曼的著作，是在我早已清楚地认识到"广义相对论"的基本原理的时候。

《爱因斯坦通信选》

　　单凭本能，要根据现有的贫乏知识，以这样一种生动和令人信服的方式来重视人们的活动，那一定要付出巨大的精力。

《伽利略在狱中》读后感，《文集》第三卷

　　满足物质上的需要，固然是美满的生活所不可缺少的先决条件，但只做到这一点还是不够的。为了得到满足，人们还必须有可能根据他们个人的特点和能力来发展他们理智上的和艺术上的才能。

《自由和科学》，《文集》第三卷

作为人，我们要向人类呼吁：记住你们的人性而忘掉其余。要是你们能这样做，展示在面前的是通向新乐园的道路；要是你们不能这样做，那么摆在你们面前的就是普遍死亡的危险。

《罗素——爱因斯坦宣言》，《文集》第三卷

他一向走自己的路，不受任何人的影响。

《生命有个了结，是好事》，《文集》第三卷

我认为，为求得更深更广的见识和理解而斗争，是这样一些独立目标之一，要是没有这些目标，一个有思想的人，对待生活就不会有积极自觉的态度。

《科学家的道义责任》，《文集》第三卷

我坚信，如果你具有专注的热情，你一定能够在科学领域中孕育出一些有价值的东西。蝴蝶不是鼹鼠；但是，任何蝴蝶都不应该为此惋惜。

《对马赫的评价及其他》，《文集》第三卷

从已得到的知识来看，这愉快的成就简直好像理所当然的，而且

任何有才智的学生，不要碰到太多的困难，就能掌握它。但是，在黑暗中焦急地探索着的年代里，怀着热烈的向往，时而充满自信，时而精疲力竭，而最后终于看到了光明——所有这些，只有亲身经历过的人才能体会。

《广义相对论的来源》，《文集》第一卷

伦理·道德

人类价值的基础毕竟还是道德。在古代就能清楚地认识到这一点，正是我们摩西的无比伟大之处。对比之下，你们看看今天的人们。

《爱因斯坦通信选》

道德并不是一种僵化不变的体系。它不过是一种立场、观点，据此，生活中所出现的问题都能够而且应当给予判断。它是一项永无终结的任务，它始终指导着我们的判断，鼓舞着我们的行动。

《道德和感情》，《文集》第三卷

只有由有灵感的人所体现的人类的道德天才，才有幸能提出应用如此广泛而且根基如此扎实的一些伦理公理，以致人们会把它们作为在他们大量个人感情经验方面打好基础的东西接受下来。

《科学和伦理》，《文集》第三卷

我们的责任是要矢忠于我们的道德传统，这种传统使我们能够不顾那侵袭到我们头上的猛烈的风暴而维持了几千年的生命。在人生的服务中，牺牲成为美德。

《犹太共同体》，《文集》第三卷

人类道德上的伟大导师，在某种意义上也可以说是生活艺术中的艺术天才。

《宗教同科学不可和解吗？》，《文集》第三卷

如果我们能对某些基本的伦理命题取得一致，那么，只要最初的前提叙述得足够严谨，别的伦理命题就能由它们推导出来，这样的伦理前提在伦理学中的作用，正像公理在数学中的作用一样。

《科学定律和伦理定律》，《文集》第三卷

从一个单纯的人的观点来看，道德行为并不意味着仅仅严格要求放弃某些生活享受的欲望，而是对全人类更加幸福的命运的善意的关怀。

《道德和感情》，《文集》第三卷

道德不是什么神圣的东西，它纯粹是人的事情。

《科学和宗教精神》，《文集》第一卷

我认为今天人们道德准则的可怕败坏，来源于我们生活中的机械化和非人性化——科学技术和智力发展的可悲的副产品。

《爱因斯坦通信选》

道德的基础不应当建立在神话上，或受任何权威的束缚，否则，关于神话或权威的合法性的怀疑，会危害健全地判断和行动的基础。

《爱因斯坦通信选》

人类最重要的努力，是在我们的行为中追求道德。我们内心的安定，甚至我们的生存，都离不开道德。只有道德的行为，才能给生命以美和尊严。

《爱因斯坦通信选》

好像逻辑思维同伦理毫不相干。关于事实和关系的科学陈述，固然不能产生伦理的准则，但是，逻辑思维和经验知识却能够使伦理准则合乎理性，并且联贯一致。

《科学定律和伦理定律》，《文集》第三卷

文明人类的命运比以往任何时候都更要依靠它所能产生的道义力量。因此，摆在我们这一代人面前的任务，肯定不比我们前几代完成的任务容易。

《经济抵制》，《文集》第三卷

有一种不成文的法律，那是我们自己良心上的法律，它比任何可以在华盛顿制定出来的法案都要更加有束缚力得多。

《美国科学家应当拒绝政府的不义要求》，《文集》第三卷清除障碍（指对偏见和迷信的征服——编者）本身并没有使社会生活和个人生活高尚起来。因为除了这种消极的结果以外，还有一种积极的要使我们的共同生活合乎伦理——道德结构的志向和努力，它有压倒一切的重要性。

《伦理教育的需要》，《文集》第三卷

单纯的才智不能代替道德上的正直。

《裁军会议》，《文集》第三卷

在我们的教育中，往往只是为着实用和实际的目的，过分强调单纯智育的态度，已经直接导致对伦理价值的损害。我想比较多的还不是技术进步。使人类所直接面临的危险，而是"务实"的思想习惯所造成的人类相互体谅的窒息，这种思想习惯好像致命的严霜一样压在人类的关系上。

《伦理教育的需要》，《文集》第三卷

对于什么是应该的和什么是不应该的这种感情，就像树木一样的生长和死亡，没有任何一种肥料会使它起死回生。个人所能做的就是作出好榜样，要有勇气在风言冷语的社会中坚定地高举伦理的信念。长期以来，我就以此律己，取得了不同程度的成绩。

《客观世界的完备定律》，《文集》第一卷

我认为伦理道德全是人类自己的事，其背后并没有什么超越人类之上的权威。

（美）海伦·杜卡斯：《爱因斯坦谈人生》

要在道德和审美方面求得满足，这个目标对于艺术工作，要比对于科学工作更为接近。当然，对我们同胞的了解是重要的。但这种了解只有在得到忧乐与共的同情心支持时才能有好结果。

《伦理教育的需要》，《文集》第三卷

只要我们成功地把这条伦理准则（指我们不该说谎——编者）追溯到这些基本前提，我们就感到满意。在关于说谎这个例子中，这种追溯的过程也许是这样的：说谎破坏了对别人的讲话的信任。而没有这种信任，社会合作就不可能。

《科学定律和伦理定律》，《文集》第三卷

个人与交友

像我这种类型的人，其发展的转折点在于，自己的主要兴趣逐渐远远地摆脱了短暂的和仅仅作为个人的方面，而转向力求从思想上去掌握事物。

《自述》，《文集》第一卷

如果一个人爱好很有条理的思想，那么他的本性的这一方面很可能以牺牲其他方面为代价而显得更为突出，并且愈来愈明显地决定着他的精神面貌。

《自述》，《文集》第一卷

对于我这样的人，一种实际工作的职业就是一种绝大的幸福。因为学院生活会把一个年轻人置于这样一种被动的地位：不得不去写大量科学论文——结果是趋于浅薄，这只有那些具有坚强意志的人才能顶得住。

《自述片断》，《文集》第一卷

通常，我们人类都在虚假的安全感中生活，都在表面上熟悉和牢靠的物质和人类环境中生活，都感到舒适和安逸。只有当循序渐进的日常生活被打断时，我们才发现我们就像翻了船的人那样，在茫茫的大海中靠一块可怜的木板挣扎，忘掉了自己是从哪儿来的，也不知道将漂往何方。我们一旦充分认识到这一点，生活就会好得多，就不再会有任何失望了。

仅希望我们各自所浮在海面的木板，将会很快相遇。

《爱因斯坦通信选》

设法交几个和你想法一样的朋友，读些早期杰出作家如康德、歌德和莱辛的书，以及外国的经典著作，欣赏慕尼黑郊外的美丽风景。始终要相信，打个比方来说，你是生活在火星上，和异类的生物为伍，对这些生物的行为要无动于衷。可以同一些动物交朋友。这样，你就又会变成一个愉快的人，什么东西也不能使你苦恼。

要记住，那些优秀和高尚的人总是孤独的——也必须这样——而也就是因为这样，他们能够孤芳自赏。

《爱因斯坦通信选》

像我这种类型的人，一生中主要的东西，正是在于他所想的是什么和他是怎样想的，而不在于他所做的或者所经受的是什么。

《自述》，《文集》第一卷

当我还是一个相当早熟的少年的时候，我就已经深切地意识到，大多数人终生无休止地追逐的那些希望和努力是毫无价值的。而且，我不久就发现了这种追逐的残酷，这在当年较之今天是更加精心地用伪善和漂亮的字句掩饰着的。

《自述》，《文集》第一卷

……在英国，连记者也是沉默寡言的。礼尚往来，回答一声"不"字就够了。全世界的人们仍然能在这里学到好多东西——我是例外，不愿学，我总是不修边幅。

《爱因斯坦通信选》

我从来没有遇到过像今天这样的风暴……大海显得难以形容地壮观，特别是当太阳落在海面上的时候。

它使人感觉到，自己仿佛溶化在大自然里。它使人异乎寻常地感到个人的渺小，也使人感到愉快。

《爱因斯坦通信选》

我不想要求任何人牺牲太多的时间和精力。自我牺牲是有合理限度的。

《时间箭头，基本概念的危机及其他》，《文集》第三卷

我可以老实地说，在我的全部生活中，我都是支持合理的论据和真理的。夸张的言词使我感到肉麻，不管这些言词是关于相对论的还是关于任何别的东西。

《我对反对相对论公司的答复》，《文集》第一卷

人类所做和所想的一切都关系到要满足迫切的需要和减轻苦痛。如果人们想要了解精神活动和它的发展，就要经常记住这一点。

《宗教和科学》，《文集》第一卷

那些我们认为具有偶然的独特品质的个人，对于历史的进程究竟有多大的决定影响。对于这种个人作用问题，我们的时代比起 18 世纪以及 19 世纪上半叶来，要采取更加怀疑的态度，那是可以理解的。

《伽利略〈对话〉序》，《文集》第一卷

对于有善良意愿的人，当他以提高生活和文化为唯一目的，付出了重大牺牲，把一项社会事业筹备和创办起来，他再也没有比这个时候更高兴的了。

《达伏斯大学课程》，《文集》第三卷

今天当我们讲到人权时，我们实质上是指：保护个人反对别人或政府对他的任意侵犯；要求工作并要求从工作中取得适当报酬的权利；讨论和教学的自由；个人适当参与组织政府的权利。尽管这些权利现今在理论上已得到了承认，但事实上，它们比过去任何时候都受到更大的摧残。

《人权》，《文集》第三卷

有一种人权尽管它不常被提到，却似乎注定要成为非常重要的，那就是：个人有权利和义务不参与他认为是错误的或者有害的活动。

《人权》，《文集》第三卷

虽然外界的强迫在一定程度上能够影响一个人的责任感，但决不可能完全摧毁它。

《国家和个人良心》，《文集》第三卷

我最佩服的是，作为一个人，他不仅能够做到多年来同妻子过着安静的生活，而且始终协调一致，而我却两次都没有做到，这是很可惋惜的。

《悼念贝索》，《文集》第三卷

你力图找出个人或整个人类生命的意义，这个迫切的愿望给我很深的印象。根据我的意见，如果问题这样提，是不可能找到合理的答案的。当我们谈到一个行动的意义或目的时，我们只不过是指这样的一个问题：这个行动要满足的是哪一种要求？会产生什么样的后果？或者应该防止哪一种不好的后果？我们当然也能够从个人所属的社会的观点去谈行动的目的，这样谈也许要清楚一些。在这种情况下，行动的目的至少也是间接地涉及到组成社会的个人的要求的满足。

如果你问作为整体的社会或者作为整体看的个人的意义和目的，提出的问题就失去了它的意义。如果你问整个自然界的意义和目的，当然更是如此。因为个人的要求是和偶然发生的事情联系在一起的，把个人当作整体看待似乎十分武断，如果不是不合理的话。

《爱因斯坦通信选》

我所做的绝大部分事情都是我自己的本性驱使我去做的。它居然会得到那么多的尊重和爱好，那是我深为不安的。仇恨之箭也曾向我射来，但它们永未射中我，因为，不知何故它们总是属于另一个世界，而我同那个世界一点关系没有。

《自白》，《文集》第三卷

世间最美好的东西，莫过于有几个头脑和心地都很正直的严正的朋友。

《70 岁生日时的心情》，《文集》第一卷

个人对社会的依赖，显然是自然界的一个不能抹杀的事实——蚂蚁和蜜蜂也正是那样。可是，蚂蚁和蜜蜂的整个生活过程，甚至最微小的细节上也都是由遗传下来的不变的本能所决定着的，而人类的社

会型式和相互关系却是非常不固定的，容易改变的。

《为什么要社会主义》，《文集》第三卷

　　你们应在同伴的幸福和喜悦中分享幸福，而不要从人与人的悲惨冲突中得到幸福！如果你们怀有这种自然的感情，你们生活中的一切负担就会减轻，至少可以忍受得了。你们将会在忍耐中找到出路不虑恐惧。把喜悦带向人间。

《爱因斯坦通信选》

　　要在人类事务中理智地行动，只有作这样的努力才有可能，那就是努力充分了解对方的思想、动机和忧虑，做到设身处地从对方的角度去观察世界。一切善良的人，都应当尽可能献出力量来增进这种相互了解。

《对苏联科学家的答复》，《文集》第三卷

　　然而我们都感觉到，问我们自己应当怎样去处理生活，则的确是非常合理和重要的。根据我的意见，回答是：在可能达到的范围内，去满足所有人的要求和需要，以及在人类的相互关系上，达到和谐与美好。这首先要求具有充分的自觉的思想和自我教育。无可否认，文明的希腊人和古代东方的圣贤，在这个最重要的领域内，都达到了比我们学校和大学里的人还要高的水平。

《爱因斯坦通信录》

和你们交谈物理学摆在我们面前秘密，使我感到十分高兴。人之所以为人，是他生来就有足够的智力，能够清楚地看到，面临的这个客观现实，人的智力是多么不足。如果人人都这么谦虚，人类活动的世界将会更有魅力。

《爱因斯坦通信录》

人既是孤独的人，同时却又是社会的人。作为孤独的人，他企图保卫自己的生存和那些同他最亲近的人的生存，企图满足他个人的欲望，并且发展他天赋的才能。作为社会的人，他企图得到他的同胞的赏识和好感，同他们共享欢乐，在他们悲痛时给以安慰，并且改善他们的生活条件。

《为什么要社会主义》，《文集》第三卷

人的思想不满足于建立起各种关系；它还想要理解。

《评梅耶松的书》，《文集》第三卷

现在的个人比以往都更加意识到他对社会的依赖性。但他并没有体会到这种依赖性是一份可靠的财产，是一条有机的纽带，是一种保护的力量，反而把它看作是对他的天赋权利的一种威胁，甚至是对他经济生活的一种威胁。

《为什么要社会主义》，《文集》第三卷

如果人们作为个人屈从于他们原始本能的命令，只为他们自身的利益而逃避痛苦，寻求满足，那么他们得到的全部结果，总起来必然是一种不安全的、恐怖和混乱的痛苦状态。

《道德和感情》，《文集》第三卷

一个幸福的人，往往对当前过于满足，以至对未来考虑的不多。但另一方面，年轻人又往往胸怀大志。此外，对于一个严肃的年轻人说来，他应当为自己所向往的目标，树立尽可能明确的思想，这也是很自然的事。

《爱因斯坦通信选》

由于我们在客观性方面的素养，我们把任何有关个人的事情都视为禁忌，这种禁忌，只有碰到像目前这样一个绝对例外的机会时，我们这些凡人，才可以违犯它一下。

《祝贺阿诺耳·柏林内尔 70 岁生日》，《文集》第一卷

人们会清楚地发觉，同别人的相互了解和协调一致是有限度的，但这不是惋惜。这样的人无疑有点失去他的天真无邪和无忧无虑的心境。

《我的世界观》，《文集》第三卷

它（指个性——编者）的形成主要取决于人在发展中所处的环境，取决于他所成长于其中的社会的结构。取决于那个社会的传统，也取决于社会对各种特殊行为的评价。

《为什么要社会主义》，《文集》第三卷

作为一个平民，他的日常的生活并不靠特殊的智慧。如果他对科学深感兴趣，他就可以在他的本职工作之外，埋头研究他所爱好的问题。

《自述片断》，《文集》第一卷

对一个人来说，所期望的不是别的，而仅仅是他能全力以赴和献身于一种美好的事业。

壬涵、华石等：《名人名言录》

只有个人才能思考，从而能为社会创造新价值，不仅如此，甚至还能建立起那些为公共生活所遵守的新的道德标准。要是没有能独立思考和独立判断的有创造能力的个人，社会的向上发展就不可想象，正像要是没有供给养料的社会土壤，人的个性的发展也是不可想象的一样。

《社会和个人》，《文集》第三卷

很少有人能心平气和地表达同他们社会环境所形成的偏见有所不同的见解。大多数人甚至不能形成这样的见解。

《给莱奥·贝克的献词》，《文集》第三卷

我不相信，高尚的为人态度，在大学和科学院里，要比默默无闻的、沉寂的普通人所在的店铺里发扬得更好。

《祝罗兰 60 岁生日的贺信》，《文集》第三卷只是因为存在着这些多种多样的、时常相互冲突的努力，才能说明一个人所独有的性格，而且这些努力的特殊结合，就决定了个人所能达到的内心平衡的程度，以及他对社会福利所能作出贡献的程度。

《为什么要社会主义》，《文集》第三卷

超　脱

不管时代的气质如何，总有一种人的尊贵的品质，它能够使人超脱他那个时代的激情。

《同柯亨的谈话》，《文集》第一卷

记忆力、重新组合的能力，口头交谈的才能，已在人类中间造成了一种不听命于生物学上的必然性的可能发展。

《为什么要社会主义》，《文集》第三卷

我们在这里已经有了最美丽的春天，整个世界都微笑得那么欢乐，使得人们自动地摆脱了忧郁症这种老毛病。

《失业的痛苦和探索自然界统一性的乐趣》，《文集》第三卷

国家是为人而建立，而人不是为国家而生存。对于科学也是这样。……我认为国家的最高使命是保护个人，并且使他们有可能发展成为有创造才能的人。

《主权的限制》，《文集》第三卷

人类不是由于他们的生物学的素质而注定要互相毁灭的，或者要听任那残酷的，自作自受的命运来摆布的。

《为什么要社会主义》，《文集》第三卷

能够理智地讲出超脱世俗偏见观点的人，为数很少，而大多数人根本就没有这种观点。

（德）F. 赫尔内克：《爱因斯坦传》

任何回忆都染上了当前的色彩，因而也带有不少可靠的观点。这种考虑可能使人畏难而退，然而，一个人还是可以从自己的经验里提取许多别人所意识不到的东西。

《自述》，《文集》第一卷

信仰与崇拜

这个时代应当是知识日益代替信仰的时代；不以知识为根据的信仰就是迷信，因此，必须加以反对。

《目标》，《文集》第三卷

把个人以外的生命视为神圣，就引起了对一切有灵性的东西的尊敬。——这是犹太传统的一个突出的特征。

《有没有一种犹太人的生命观?》，《文集》第三卷我不认为当代物理学家们的这种信仰在哲学上是可以驳倒的。因为在我看来，理智上的退让不能斥之为逻辑上是不可能的。在这里，我只好信赖我的知觉。

《关于"实在"问题的讨论》，《文集》第一卷

容忍是对和自己的习惯、信仰及爱好格格不入的别人的品质、观点和行为的热情友好的欣赏。

《爱因斯坦通信选》

由于醉心于所崇拜的人物，而夸大了他们的地位。很可能是，到了 17 世纪时，黑暗的中世纪僵化的权威传统所产生的精神瘫痪已经大大减退；不管有没有伽利略，陈腐的文化传统都已经不可能维持多久了。

《伽利略〈对话〉序》，《文集》第一卷

在我看来，个人崇拜总是没有道理的。固然，大自然在她的儿女中间并不是平均地分配她的赐物；但是，得到优厚天赋的人是很多的，而我深信，他们多数过的是淡泊的，不引人注目的生活。

《我对美国的最初印象》，《文集》第三卷

由百折不挠的信念所支持的人的意志，比那些似乎是无敌的物质力量是有更大的威力。

《给日本〈改造〉杂志的声明》，《文集》第三卷

不管我们的决定是怎样做出的，只要它是出自深挚的，不可动摇的信念，它就会对我们思想上和道义上的判断产生很大的影响。

《科学家的道义责任》，《文集》第三卷

对我来说，思想的基础是信仰无限制的因果性，"我对他恨不起来，因为他所做的原是他该做的"。因此，我更接近斯宾诺莎，而不接近先知们。所以，"罪孽"对我是不存在的。

《对马赫的评价》，《文集》第三卷

我们在赞赏这位卓越人物（指开普勒——编者）的同时，又带着另一种赞美和敬仰的感情，但这种感情的对象不是人，而是我们出生于其中的自然界的神秘的和谐。

《开普勒》，《文集》第一卷

虚心与虚荣

虚荣心可以有许多不同的表现形式。人家常说我没有虚荣，但这也是一种虚荣，一种特殊的虚荣心呢！你看，我不是感到一种特殊的自负吗！真像小孩子一样幼稚呢！

秦关根：《爱因斯坦》

荣誉使我变得越来越愚蠢。当然，这种现象是很常见的，就是一个人的实际情况往往与别人认为他是怎样很不相称。比如我，每每小声咕噜一下也变成了喇叭的独奏。

《爱因斯坦通信选》

随着出名，我变得越来越麻木不仁了，这当然是很寻常的现象。一个人的实际情况和别人认为他是如何之间，或者至少和别人说他们认为他是如何之间，总有非常大的差距。但他也只好耐着性子接受。

《爱因斯坦通信选》

对于一个为了发现一丁点儿真理而奋斗终生的人来说，如果他能亲眼看到别人真正理解并喜欢他的工作，那他就得到了最美好的报偿。

（美）海伦·杜卡斯：《爱因斯坦谈人生》

应当甘心情愿地服从人民的意志，像在选举中所表现的那样，即使在多数人同自己个人的愿望和判断相抵触时，也应当如此。

《对柏林大学学生的讲话》，《文集》第三卷

我实在是一个"孤独的旅客"，我未曾全心全意地属于我的国家，我的家庭，我的朋友，甚至我最接近的亲人；在所有这些关系面前，我总是感觉到有一定距离并需要保持孤独——而这种感受正与年俱增。

《我的世界观》，《文集》第三卷

想要得到赞许和表扬的愿望，本来是一种健康的动机；但要求别人承认自己比同伴或者同学更高明、更强，或者更有才智；那就容易

在心理上产生唯我独尊的态度，这无论对个人对社会都是有害的。

《论教育》，《文集》第三卷

人之所以为人，是他生来就有足够的智力，能够清楚地看到，面临的这个客观现实，人的智力是多么不足。如果人人都这么谦虚，人类活动的世界将更有魅力。

《爱因斯坦通信选》

"人能做他所想做的，但不能要他所想要的。"（引自叔本华的话——编者）这句名言对于骄傲的人类来说是一剂苦药。谁还会否认，近百年来，人们不仅吞下了这剂苦药，而且还感到完全习惯了呢？

《物理基本概念的变化》，《文集》第一卷

一个人应当这样安慰自己，即时间是一架筛子，大多数一时耸人听闻的东西都已通过筛子，落进了默默无闻的海洋，即使是筛剩下来的，也不值得一提。

《爱因斯坦通信选》

当一个人在讲科学问题时，"我"这个渺小的字眼，在他的解释中应当没有地位。但是，当他是在讲科学的目的和目标时，他就应当允许讲到他自己。因为一个人所经验到的没有比他自己的目标和愿望更直接的了。

《在哥伦比亚大学的讲话》，《文集》第一卷我感到在我的工作中，没有任何一个概念会很牢靠地站得住的，我也不能肯定我所走的道路一般是正确的。

《70 岁生日的心情》，《文集》第一卷

一个获得成功的人，从他的同胞那里所取得的，总是无可比拟地超过他对他们所做的贡献。

谢德铣：《名人格言》

艺术与美

真和美都不是离开人而独立的东西。如果不再有人类，是不是贝耳维德勒的阿波罗像（指梵蒂冈教皇宫殿里收藏的希腊神话人物阿波罗的雕像——编者）也就不再是美的了？

《关于实在的本性问题同泰戈尔的谈话》，《文集》第一卷

在学习和追求真与美的领域里，我们可以永葆赤子之心。

（美）海伦·杜卡斯：《爱因斯坦谈人生》

我对近代音乐的知识非常有限，但在某一方面我又确信：真正的艺术来源于作家那种不可抑制的创作激情。在欧勒斯特·布洛克的作品中，我感受到了这种激情，在以后几位音乐家的作品中也一样。

《爱因斯坦通信选》

真正的艺术应该产生于创造力丰富的艺术家心中的一股不可遏制的激情。

（美）海伦·杜卡斯：《爱因斯坦谈人生》

音乐不影响研究工作，它们两者都从同一个渴望之泉摄取营养，而它们给人们带来的慰藉也是互为补充的。

（美）海伦·杜卡斯：《爱因斯坦谈人生》

在科学的领域里，时代的创造性的冲动有力地迸发出来，在这里，对美的感觉和热爱找到了比门外汉所能想象得更多的表现机会。

《感谢斯托多拉》，《文集》第三卷

常听人说，艺术不应当被用来为政治或者其他实际目的服务，我决不能同意这种观点。

《艺术和政治》，《文集》第三卷

简单而淳朴的生活，无论在身体上还是在精神上，对每个人都是有益的。

《我的世界观》，《文集》第三卷

（1）巴哈、莫扎特以及意大利和英国的某些老作曲家，是我最喜爱的。对贝多芬则要差得多。但舒伯特是我所喜爱的。

（2）要我说出巴哈和舒伯特哪一位我更喜欢，这是不可能的，我不在音乐中寻求逻辑。我大体上是直觉的，不懂得理论。不能直觉地抓住某个作品统一的内在统一（结构），我就根本不喜欢这个作品。

（3）我总是觉得韩德尔的作曲很好——甚至完美——但他有些浅薄，贝多芬对我来说是太戏剧性、太深奥了。

（4）舒伯特是我最喜爱的作家之一，因为他具有表达感情的高超本领和创造旋律的巨大能力。但对他的大型作品，由于我缺乏作曲方面的某些知识，很难加以欣赏。

（5）我很喜欢舒曼的小型作品，因为其感情真实丰富，并富有创造性，但表现形式不够宏伟，使我不能充分欣赏。我觉得门德尔松有相当的才华，但缺乏某些深度，因而流于平凡。

（6）我发现勃拉姆斯所作的几支组曲和室内音乐确实了不起，其结构也是这样。但他大多数作品对我没有内在的吸引力，我不知道他有什么必要写这些作品。

（7）我佩服华格纳的创作才能，但依我看结构松散，流于颓废。此外，我对他的音乐特点有说不出的反感，因此，他的大部分作品我听起来只能感到厌烦。

（8）我觉得施特劳斯有才华，但缺乏内在的真实，只考虑表面效果。我不能说，我对现代音乐原则上一概不喜欢。我认为德彪西的作品精致多彩，但结构贫乏。那种音乐对我引不起多大激情。

《爱因斯坦通信选》

启发我并永远使我充满生活乐趣的理想，是真、善、美。要是没有志同道合的人的了解和同情的感觉，要是我不全神贯注于这个目标，这个在科学和艺术研究领域中难以达到的目标，我的生活就会感到空虚。

金秋鹏：《爱因斯坦》

人类最重要的努力莫过于在我们的行动中力求维护道德准则。我们的内心平衡甚至我们的生存本身全部有赖于此。只有按道德行事，才能赋予生活以美和尊严。

（美）海伦·杜卡斯：《爱因斯坦谈人生》

不论是一件艺术品或是重大的科学成就，之所以高贵与伟大是因为它具有独特的品格。

《爱因斯坦通信选》

要把某种特殊类型的政治思想或政治词句，强加给艺术家，固然是绝对错误的和令人厌恶的；但是艺术家自己的强烈的感情倾向，却常常产生出真正伟大的艺术作品。

《艺术和政治》，《文集》第三卷

在他们的劳动中，他们应当利用那些能够在人类自己的身上，培养出来的善、真和美的力量。不错，这是一个比较困难的任务，然而，却是一个价值无比的任务。

《科学和宗教》，《文集》第三卷

四、社会篇

历 史 与 传 统

有一种内部的或者直觉的历史，还有一种外部的或者有文献证明的历史，后者比较客观，但前者比较有趣。

《关于科学史和科学家的谈话》，《文集》第一卷

几乎所有的科学历史学家都是语言学家，这些人不了解物理学家所追求的是什么，他们是怎样思索他们的问题，并且怎样同他们的问题进行苦斗的。甚至关于伽利略的著作，多数也都写得很蹩脚。

《同香克兰的谈话》，《文集》第一卷

要写别人的工作历史，就需要在一定程度上，吸收别人的想法，这是有素养的历史学家才很在行的事；至于要说明一个人自己以前的思想，显然就要无比的容易了。

《广义相对论的来源》，《文集》第一卷

在纪念的日子里，通常首先是追溯往事，尤其是要怀念那些由于发展文化生活而得到特殊荣誉的人们。这种对于我们先辈的亲切的纪念仪式确实是不可少的，尤其是因为这样一种对过去最美好事物的回忆适宜于鼓励今天的善良的人们去勇敢奋斗。

《论教育》，《文集》第三卷

我们从社会接受到的一切物质、精神和道德方面有价值的成就，都是过去无数世代中许多有创造才能的人所取得的。

《社会和个人》，《文集》第三卷

今天活着的人对于过去许多世纪中的那些伙伴（指知识文人——编者）感到像朋友一样亲切，这些古人的著作永远不会失去它们的魅力，不会失去它们的中肯和它们亲切的通情达理的品质。

《哲学家和政治》，《文集》第三卷

一个世纪里，具有清澈的思想风格的优美的鉴赏力的启蒙者，为数很少。他们留下来的著作，是人类一份最宝贵的财产。我们要感谢古代少数作家，全靠他们中世纪的人，才能够从那种曾使生活黑暗了不只 500 年中逐渐摆脱出来。

《论古典文学》，《文集》第三卷

从思想上掌握这个在个人以外的世界，总是作为一个最高目标而有意无意地浮现在我的心目中。有类似想法的古今人物，以及他们已经达到的真知灼见，都是我的不可失去的朋友。

《自述》，《文集》第一卷

昨天的陈词滥调，今日不再有用，明天无疑地更将是无可挽回地过时了。

《给国际知识界和平大会的贺信》，《文集》第三卷只有那些成功地为他们那个时代的有问题的形势奋斗过的人，才能深入地洞察那样的形势；不像后来的历史学家那样，要他从他那一代看来是已经确立了的甚至是自明的概念和观点中进行抽象，那是会感到困难的。

《对批评的回答》，《文集》第一卷

　　这些从历史经验（指人们在相互对待行为方面的理想——编者）中和对美与和谐的热望中得出来的同样理想和信念，在理论上通常是容易为人们接受的，但是在人的兽性本能的压力下，这些思想信念又总是被人们所践踏。

《人权》，《文集》第三卷

　　除了遗传的天赋和品质以外，是传统使我们成为现在这个样子的。但我们极少意识到，同传统的强有力的影响相比，我们的自觉的思想对于我们行为和信念的影响竟是那么微弱。

《黑人问题》，《文集》第三卷

　　我相信一条法律要为人们所遵守，只有当受影响的人民从自己长期发展起来的传统来看，认为它所根据的原则是可以接受的时候，才有可能。

《对战争起因的看法》，《文集》第三卷

　　为了完成国家生活中这样一种极其深刻的变化，就需要巨大的道义上的努力和慎重地抛弃那些根深蒂固的传统。

《裁军没有渐进的道路》，《文集》第三卷

社会与国家

一个没有个人独创性和个人志愿的规格统一的个人所组成的社会，将是一个没有发展可能的不幸的社会。

《论教育》，《文集》第三卷

在这样一种经济制度（指社会主义的经济制度——编者）里，生产手段归社会本身所有，并且有计划地加以利用。计划经济按社会的需要而调节生产，它应当把工作分配给一切能工作的人，并且应当保障每一个人，无论男女老幼，都能生活。

《为什么要社会主义》，《文集》第三卷

有什么比社会强迫人去做那些我们每个人都认为是罪大恶极的事还要更坏的呢！而有见义勇为的精神，敢于反抗它的人竟是那么少。

《裁军会议》，《文集》第三卷

在健康的社会里，任何有益的活动所得到的报酬，都应当使人能过一种像样的生活。从事任何有价值的社会活动，都可能得到内心的满足，但内心的满足不能当作工资。

《保证人类的未来》，《文集》第三卷

一个人对社会的价值，首先取决于他的感情、思想和行动对增进人类利益有多大作用。

《社会和个人》，《纪念爱因斯坦译文集》

此行（指第一次日本之行——编者）使我第一次看到一个健康的人类社会，它的成员在这个社会中能得到充分的发展。

《在量子问题上我相信自己走的路是正确的》，《文集》第三卷

在我看来，通过技术进步来提高人的劳动生产力，这一点是主要的。办法是：从法律上减少雇员的（平均的）劳动时间，直至失业现象的消失……

《统一场论和经济问题》，《文集》第三卷

黄金匮乏只意味着一个国家的商品输出不能抵偿它的商品输入。这就首先导致黄金匮乏，然后，导致外国信贷的窒息。当一个富有国家没有或者不能充分生产外国所需要的商品时，它也会遇到黄金匮乏的情况。

《关于黄金问题》，《文集》第三卷

当文艺复兴给每个人提供了无拘无束的发展的可能性时，欧洲文化就从僵死的停滞中作出了它最重大的突破。

因此，社会和国家对个人的容忍是最为重要的。为了给个人以他发展所需的安全，国家当然是需要的。但当国家主宰一切，而个人则

变成其任意摆布的工具时，那么它所有的高贵的价值就丧失了。就像石头必须首先裂开，好让树在裂缝中生长，土壤必须首先松散才好让种子生根发芽一样，只有当人类社会不加限制，让个人有可能去自由发展其才能时，有价值的成就才能够从人类社会中迸发出来。

《爱因斯坦通信选》

一个社会，不论它的政治组织怎样；要不是保持着政治洞察力和真正的正义感，终究是不能保证它本身的健康的。

《群众政治上成熟程度和革命》，《文集》第三卷

只要社会主义的管理部门至少还保持着哪怕是不彻底的适当管理标准，社会主义所有的优点，就肯定足以抵消它的缺点。

《对苏联科学家的答复》，《文集》第三卷

为了保护它（指国家——编者）的人民不受外来侵略，一个现代国家就需要建立一个强大的和不断扩大的军事机构。

《给国际知识界和平大会的贺信》，《文集》第三卷

指引社会主义方向的是一个社会——伦理目的。可是，科学不能创造目的，更不用说把目的灌输给人们；科学至多只能为达到某些目的提供手段。

《为什么要社会主义》，《文集》第三卷

对于个人来说，社会这个抽象概念意味着他对同时代人以及以前所有各代人的直接关系和间接关系的总和。

《为什么要社会主义》，《文集》第三卷

是"社会"供给人以粮食、衣服、住宅、劳动工具、语言、思想形式和大部分思想内容；通过过去和现在亿万人的劳动和成就，他的生活才有可能，而这亿万人全部隐藏在"社会"这个小小字眼的背后。

《为什么要社会主义》，《文集》第三卷

社会或者国家不是他（指泡培尔—林卡乌斯——编者）盲目崇拜的对象；他把社会要求个人作出牺牲的权利，完全建立在社会应当给个人的个性以和谐发展机会这一责任之上。

《泡培尔—林卡乌斯》《文集》第三卷

和平主义比社会主义更容易争取人民。社会和经济问题已经变得极其复杂，必须使人们首先真正相信和平解决问题的可能性。

《和平主义和社会主义》，《文集》第三卷

个人是能够自己进行思考、感觉、奋斗和工作的；但在他的肉体、理智和感情的生活中，他是那样地依靠着社会，以至在社会组织之外，就不可能想起他，也不可能理解他。

《为什么要社会主义》，《文集》第三卷

人们到处都是在最困难的环境里以火一样的热情工作着。注意不要因为整个社会的严重的创伤而毁灭了今天青年的意志和才智。

《科学的困境》，《文集》第三卷

我也相信政治权力的集中和个人自由的限制不应超过一定的界限，这界限是根据外部安全、国内稳定和计划经济的需要所作的考虑而定出来的。

《对于俄国十月革命同知识分子关系的看法》，《文集》第三卷

这个世界可以由音乐的音符组成，也可以由数学的公式组成。我们试图创造合理的世界图像，使我们在那里面就像在家里一样，并且可以获得我们在日常生活中不能达到的安全。

《论科学》，《文集》第一卷

我认为，要避免不必要的摇摆和震动，唯一正确的办法是，根据保持稳定的平均物价（指数）这一标准来调整货币和信贷量。对于一个有集中金融管理体制的地区的内部经济来说，人们根本不需要黄金。

《关于黄金市场》，《文集》第三卷

盲目服从那些我们认为是不道德的国家法律，只会妨碍为改革这些不道德的法律而进行的斗争。

《法律和良心》，《文集》第三卷

政府并不依赖法律概念体系，而是依赖权力，这就是说，依赖对平时互不相关的大多数人的压制，正是政府为实行和维持着为压制这些人所必须的组织。

《人民的向导及其他》，《文集》第三卷

脑力劳动者不仅应当为他们自己的利益，也应当为全社会的利益团结起来。知识分子之间缺少组织，部分地说明了这个集团的才智和经验一般还很少用于政治目的。

《脑力劳动者组织》，《文集》第三卷

我们的劳动市场所依赖的是，当生产机构进行技术上最有利的运转时，所有能劳动的人都能用得上。但情形已完全不再是如此。

《统一场论和经济问题》，《文集》第三卷

制度要是得不到个人责任感的支持，从道义的意义上来说，它是无能为力的。这就是为什么任何唤起和加强这种责任感的努力，都成为对人类的重要贡献。

《国家和个人良心》，《文集》第三卷

手段的完善和目标的混乱，似乎是——照我的见解——我们这个时代的特征。如果我们真诚地并且热情地期望安全、幸福和一切人们的才能的自由发展，我们并不缺少去接近这种状态的手段。

《科学的共同语言》，《文集》第一卷

在像我们这个令人焦虑和动荡不定的时代，难以在人性中和在人类事务的过程中找到乐趣，在这个时候来想念起开普勒（指 15 世纪德国的天文学家——编者）那样高尚而淳朴的人物，就特别感到欣慰。

《开普勒》，《文集》第一卷

我们不仅要容忍个人之间和集体之间的差别，而且确实应当欢迎这些差别，把它们看作是我们生活的丰富多彩的表现。

《道德和感情》，《文集》第三卷

我们要在苦难中，在争取实现更美好的人类社会的奋斗中，努力团结一致，我们的先知已经那么清楚而有力地把这样的社会作为目标在我们面前树立起来。

《致华沙犹太区战斗英雄》，《文集》第三卷

一个人精神受到压抑会得生病，同样的，一个社会组织面临严重的难题也会害病。不过，国家虽有这种困难，通常还是能继续存在下去。

秦关根：《爱因斯坦》

我们必须使我们的思想革命化，使我们的行动革命化，并且必须有勇气使全世界的国家与国家之间的关系来一个革命化。

《给国际知识界和平大会的贺信》，《文集》第三卷

对于在不可抗拒的强迫下所做的事，个人是不能负责任的，因为他完全依赖他生活在其中的社会，所以，必须受它支配。

《国家和个人良心》，《文集》第三卷

对于技术在我们这个时代的误用，像牛顿那样的有创造能力的思想家，也像星一样，是不负什么责任的；他们的思想由于凝视这些星而展翅高飞。

《牛顿》，《文集》第一卷

文化教育

人的思想是受他的文化所约束的，他的思想特征是由他的文化环境铸造而成的。

《同柯亨的谈话》，《文集》第一卷

作为一个对人类精神幼年时期的教育方法，它（指电影——编者）是无可匹敌的，因为电影有可能使思想戏剧化，这就比别的任何办法更易为儿童所理解。

《电影的作用》，《文集》第三卷

用专业知识教育人是不够的。通过专业教育，他可以成为一种有用的机器，但是不能成为一个和谐发展的人。要使学生对价值有所理解并且产生热烈的感情，那是最基本的。他必须获得对美和道德上的善，有鲜明的辨别力。否则，他——连同他的专业知识——就更像一只受过很好训练的狗，而不像一个和谐发展的人。为了获得对别人和对集体的适当关系，他必须学习去了解人们的动机、他们的幻想和他们的疾苦。

《培养独立思考的习惯》，《文集》第三卷

使青年人发展批判的独立思考，对于有价值的教育也是生命攸关的。由于太多太杂的学科（学分制）造成的青年人的过重负担，大大地危害了这种独立思考的发展。负担过重必导致肤浅。

《培养独立思考的教育》，《文集》第三卷

学校和教师必须防范使用那种容易产生个人野心的简单办法去引导学生从事辛勤的工作。

《论教育》，《文集》第三卷

有时，人们把学校简单地看作是一种工具，靠它来把最大量的知识传授给成长中的一代。但这种看法是不正确的。因为知识是死的，学校却要为活人服务。

《论教育》，《文集》第三卷

一个人要学习并且讲授那些在他心里不能完全接受的东西，总是一件困难的事，对于一个耿直成性的人，一个认为明确就意味着一切的人，这更是一种双倍的困难。

《埃伦菲斯特》，《文集》第一卷

教育的唯一职能就是打开通向思考和知识的道路，而学校，作为人民教育的主要机关，应当专门为这个目的服务。

《目标》，《文集》第三卷

永远不要把你们的学习当作一个任务，而要当作一个难得的机会，为了你们自己的兴趣，去学习和了解美在精神领域内的自由影响，为了你今后会在其中工作的社会的利益而学习。

《爱因斯坦通信选》

尽管摆在我们面前的课程本身都是有意义的，可是我仍要花费很大的气力才能基本上学会这些东西。对于像我这样最好沉思的人来说，大学教育并不急是有益的。

《自述片断》，《文集》第一卷

凡是对共同的世界文化稍微关心的人，现在都有双倍的责任，为维护这种文化所必须引为依据的那些原则而起来斗争。

《告欧洲人书》，《文集》第三卷

教育和学校的职能究竟是什么呢？它们应当去帮助青年人在这样一种精神状态中成长，使他感到这些基本原则对他来说就好像他所呼吸的空气一样。单凭教导是不能做到这一点的。

《目标》，《文集》第三卷

如果青年人通过体操和走路训练了他们的肌肉和体力的耐劳性，

以后他就会适合任何体力劳动。

《论教育》，《文集》第三卷

传统和教育具有节制的作用，使居住在那里的人民之间产生了互相忍让的关系。

《给国际知识界和平大会的贺信》，《文集》第三卷

近代人类学，通过所谓原始文化的比较研究告诉我们：随着主要的文化形式和社会中占优势的组织类型的不同，人类社会行为可以相差很大。

《为什么要社会主义》，《文集》第三卷

尽管大学里的讲座很多，但明智的和高尚的教师却很少见。讲堂很多也很大，但真正渴望真理和正义的青年人却不多。自然界慷慨地生产出普通的庸才，却难得创造出有高超才能的人。

《学术自由》，《文集》第三卷

发展独立思考和独立判断的一般能力，应当始终放在首位，而不应当把获得的专业知识放在首位。如果一个人掌握了他的学科的基础理论，并且学会了独立思考和工作，他必定会找到他自己的道路，而且比起那种主要以获得细节知识为其培训内容的人来，他一定会更好地适应进步和变化。

《论教育》，《文集》第三卷

对个人的教育，除了要发挥他本人天赋的才能，还应当努力发展他对整个人类的责任感，以代替我们目前这个社会中对权力和名利的赞扬。

《为什么要社会主义》，《文集》第三卷

在学校里和在生活中，工作的最重要动机是工作中的乐趣，是工作获得结果时的乐趣，以及对这个结果的社会价值的认识。

《论教育》，《文集》第三卷

最重要的教育方法总是鼓励学生去实际行动。这对于初学的儿童第一次学写字如此，对于大学里写博士学位论文也是如此。就是在简单地默记一首诗，写一篇作文，解释和翻译一段课文，解一道数学题目或者进行体育运动锻炼，也都无不如此。

《论教育》，《文集》第三卷

用专业知识教育人是不够的，通过专业教育他可以成为一种有用的机器，但是不能成为一个和谐发展的人。要使学生对价值有所理解并且产生热烈的感情，那是最基本的。

《培养独立思考的教育》，《文集》第三卷

学校的目标应当是培养有独立行动和独立思考的人，不过他们要为社会服务看作是自己人生的最高目的。

《论教育》，《文集》第三卷

关于基本道德品行问题，"正规学校教育"起不了多大作用，因为在这个领域里不可能作出对全体公民都有约束力的基本决定。

《法律和良心》，《文集》第三卷

学校向来是把传统的财富一代传到下一代的最重要手段。与过去相比，这种情况更加适合今天。由于经济生活现代化的发展，作为传统和教育的传递者的家庭已经削弱了。

《论教育》，《文集》第三卷

学校的目标始终应当是：青年人在离开学校时，是作为一个和谐的人，而不是作为一个专家。照我的见解，在某种意义上，即使对技术学校来说，这也是正确的，尽管技术学校的学生将要从事的是一种完全确定的专门职业。

《论教育》，《文集》第三卷

启发并且加强青年人的这些心理力量（指工作获得结果的乐趣——编者）我看这应该是学校的最重要的任务。只有这样的心理基础，才能导致一种愉快的愿望，去追求人的最高财产——知识和艺术技能。

《论教育》，《文集》第三卷

人们应当防止向青年人鼓吹那种以习俗意义上的成功作为人生的目标。

《论教育》，《文集》第三卷

教师使用的强制手段要尽可能地少，学生对教师的尊敬的唯一的源泉在于教师的德和才。

《论教育》，《文集》第三卷

我们的希望在于教育青年对于生活有一个比较明智的看法。……把美和手足之情带进生活里来，这是人的主要志向和最高幸福。

《和平必须确保》，《文集》第三卷

我们待人接物的态度，大部分取决于我们在童年时代无意识地从周围环境吸取来的见解和感情。

《黑人问题》，《文集》第三卷

首先，教师应当在这样的学校里成长起来。其次，在选择教材和使用教学方法上，应当给教师以广泛的自由。因为强制和外界压力无疑也会扼杀他在安排他工作时的乐趣。

《论教育》，《文集》第三卷

同样一件工作的完成，对学生所产生的教育影响可以很不相同，这要看推动这项工作的主因究竟是怕受到损害的恐惧，是自私的欲望，还是对快乐和满足的追求。

《论教育》，《文集》第三卷

对和平教育的问题，如果只是感情用事，而不是从现实主义的立场出发来处理，那是有危险的。要是不充分了解这个问题的根本困难，就会一无所获。

《教育与世界和平》，《文集》第三卷

关键在于发展孩子对游戏的天真爱好和获得赞许的天真愿望，并且把孩子引向对于社会很重要的领域；这种教育主要是建立在希望得到有成效的活动能力和社会认可的愿望之上的。如果学校从这样的观点出发，工作很成功，那么它就会受到成长中的一代的高度尊敬。

《论教育》，《文集》第三卷

使道德成为一种强大的力量，用它来清理良心，也许是教育的主要任务。

《爱因斯坦通信选》

政府能够而且应当保护所有教师不受任何经济压迫，这种经济压迫会影响他们的思考。它应当关怀出版好的、廉价的书籍，并且广泛地鼓励支持普及教育。

《民主和学术自由》，《文集》第三卷

大学教育并不总是有益的。无论多好的食物强迫吃下去，总有一天会把胃口和肚子搞坏的。纯真的好奇心的火花会渐渐地熄灭。幸运的是，对我来说，这种智力的低落在我学习年代的幸福结束之后，只持续了一年。

《自述片断》，《文集》第一卷

遗憾的是，我发现这一切特性（指自觉学习——编者）正是我最为欠缺的。于是我逐渐学会抱着某种负疚的心情自由自在地生活，安排自己去学习那些适合于我的求知欲和兴趣的东西。

《自述片断》，《文集》第一卷

在地理课中，应该启发学生对于不同的民族的特性有一种深怀同情的理解，这种理解应该包括那些通常认为是"原始的"或"落后的"民族在内，这一点至少有间接的重要性。

《教育与世界和平》，《文集》第三卷

教育应当使所提供的东西让学生作为一种宝贵的礼物来领受，而不是作为一种艰苦的任务要他去负担。

《培养独立思考的教育》，《文集》第三卷

过分强调竞争制度，以及依据直接用途而过早专门化，这就会扼杀包括专业知识在内的一切文化生活所依存的那种精神。

《培养独立思考的教育》，《文集》第三卷

在我看来，中国的贤哲没有走上这两步（指希腊发明的形式逻辑体系和系统实验可能找出的因果关系——编者），那是用不着惊奇的。令人惊奇的倒是这些发现（在中国）全都做出来了。

《西方科学的基础和中国古代的发明》，《文集》第一卷它（指学校——编者）应当发展青年人中那些有益公共福利的品质和才能。但这并不意味着个性应当消灭，而个人只变成像一只蜜蜂或蚂蚁那样仅仅是社会的一种工具。

《论教育》，《文集》第三卷

正　义

我们目前制度中存在着的道德标准，以及我们一般的法律和习俗，都是各个时代的无数个人为表达他们认为正义的东西所作的努力积累起来的结果。

《国家和个人良心》，《文集》第三卷

凡是人一旦看到了理性和正义的光辉，他就应当准备完全的自我牺牲。

《悼念保耳·朗之万》，《文集》第一卷

人类的命运在今天比以前任何时候，都要更依靠它的道义的力量。通向愉快幸福生活的道路，无论在哪里都是要经过权利的放弃和自我克制的。

《经济抵制》，《文集》第三卷

我们忍受痛苦而死，为的是使你们能够自由，使和平和正义能够胜利。

《为大战中牺牲的烈士纪念碑所拟的题词》，《文集》第三卷我们的朋友固然不是很多，但他们中间有具有强烈正义感的精神高尚的人，他们把自己的一生献给了提高人类社会并且使个人从卑鄙的压迫中获得解放的事业。

《犹太共同体》，《文集》第三卷

我想做的事，不过是以我微弱的能力，来为真理和正义服务，准备为此甘冒不为任何人欢迎的危险。

《为以色列"独立纪念日"准备的未完成讲稿》，《文集》第三卷

日积月累的非正义行为的压力，使得人心中的道义力量加强了，这种力量会使公众生活得到解放并清除它的污泥浊水。

《犹太复国主义》，《文集》第三卷

我深信，热烈追求正义和真理的热忱，其为改善人类的状况所做的贡献，要胜过政治上的权谋术数，后者终究只会引起普遍的不信任。

《道德衰败》，《文集》第三卷

对于一个正直的和善良的人来说，没有比认识到他是在全心全意地为这一正义事业（指和种族偏见作斗争——编者）服务更使他感到满意的了。

《黑人问题》，《文集》第三卷

在长时期内，我对社会上那些我认为是非常恶劣的和不幸的情况

公开发表了意见，对它们沉默就会使我觉得是在犯同谋罪。

《人权》，《文集》第三卷

只要我们仍然是真理、正义和自由的忠实勤务员，我们就不仅要继续像现存的最古老的民族那样生存下去，而且要像以前一样，用创造性的工作所产生的成果，为提高人类的精神境界而作出贡献。

《犹太人的理想》，《文集》第三卷

我知道有这样的情况：具有非凡道德力量的正直的人，正是由于这个缘故（指个人不参与有害的活动——编者）而同国家机关发生了冲突。

《人权》，《文集》第三卷

和　平

凡是确实从正确的方向来影响舆论的一切努力，对于保卫和平都能做出重大的贡献。

《和平主义的重新审查》《文集》第三卷

如果我们选择和平的道路，那么个人的自由和社会安全就会在等待着我们；如果我们不这样做，那么，个人的奴役和社会的毁灭就会威胁着我们。

《裁军没有渐进的道路》，《文集》第三卷

实际上每个人都明白，要是没有超国家基础上的可靠的和平，就只有同归于尽，二者必居其一。可是人们甚至有了一点机会可以按照这样认识去行动时，他们却无所作为；他们全都是这种社会压力的受害者，而他们自己也助长了这种压力。

《为了防止可能来临的厄运出点力》，《文集》第三卷

归根到底，人们的和平共处，首先是靠相互信任……而信任的基础是一种诚恳的互让关系。

《反对制造氢弹》，《文集》第三卷

珍惜文化价值的人，就不会不成为一个和平主义者。

《科学家和爱国主义》，《文集》第三卷

我的青年朋友们，你们不能等待这种情况（指持久和平——编者）的出现。你们应当努力激励年轻一代去坚持有远见的和平政策。如果你们那样做了，那么你们不仅为你们自己获得有效的保护；你们还会比你们以前任何一代人更多地得到国家和后代子孙的感谢。

《走向世界》，《文集》第三卷

这些理想之一是和平，它建立在谅解和自我克制的基础上，而不是建立在暴力的基础之上。

《以色列的犹太人》，《文集》第三卷

需要的是行动，而不是空话；空话不能使和平主义者前进一步，和平主义者必须行动起来，从那些现在能够做到的事情开始。

《战斗的和平》，《文集》第三卷

我不仅是一个和平主义者，而且是一个战斗的和平主义者。我决心为和平而战斗。要不是人民自己拒绝作战，就没有什么办法可以终止战争。

《为和平而牺牲》，《文集》第三卷

真正的和平主义者并不是想入非非的，而是要用现实主义的方式来思考问题，他们必须大胆地努力做点多少对和平主义事业有实际价值的事情，而不应当仅仅满足于拥护和平主义的理想。

《战斗的和平主义》，《文集》第三卷

可是我们必须准备为和平事业作出英勇牺牲，正像我们为战斗而不惜牺牲一样。在我的心目中，没有比这更重要和更迫切的任务了。

《为和平而牺牲》，《文集》第三卷

我能做的或者能说的每件事都改变不了宇宙的结构。但是，通过我的大声疾呼，也许能有助于一切事业中的最伟大的事业——人与人之间的诚意和地球上的和平。

《为和平而牺牲》，《文集》第三卷

每一个伟大的事业，开头总只为少数有闯劲的人所信奉。一个人为他所信奉的事业（比如和平）而死，岂不是胜过为他所不信奉的事业（比如战争）而受折磨吗？每一次战争都无非是扩大那个阻碍人类进步的恶性循环的锁链而已。少数良心拒服兵役者能够使反战斗争惹人注目。

《为和平而牺牲》，《文集》第三卷

最后，是不是可以说：想要实现和平的严肃的和平主义者，应当有勇气提出这些目标，并且为之努力奋斗；只有到那时候，全世界才不得不对他注意。和平主义者的呼声那时才会被现在还不是和平主义者的人们听到；一旦听到了，他们的呼声就一定能起很大作用。如果他们过分拘谨，他们的声音就仍然只会到达他们自己圈子里那些人的耳朵里。他们将依旧是绵羊，依旧是和平主义的绵羊。

《为和平而牺牲》，《文集》第三卷

只要安全是想通过国家的战备来寻求，大概不会有一个国家会放弃任何看来使它有希望在战争中取得胜利的武器。在我看来，只有放弃一切国家的军事防卫，安全才能达到。

《关于防止战争问题》，《文集》第三卷

如果每个公民都认识到，在这原子时代，安全与和平的唯一保证是超国家政府的不断发展，那么他就会尽一切力量来加强联合国。我认为世界上每一个有理想的和敢于负责的公民，都必须知道他应当如何抉择。

《给联合国大会的信》,《文集》第三卷

为人类在这个行星上实现合宜的生活条件的愿望,以及对那种无法形容的恐惧,会使那些处于负责地位的人更聪明些和更冷静些。

《走向世界政府》,《文集》第三卷

持久和平不会来自各国的继续相互威胁,只有通过诚恳的努力而创造出来的相互信任才会出现。

《走向世界政府》,《文集》第三卷

我们所碰到的,不仅是保障和维持和平的技术问题,而且,还有启蒙和教育的重要任务。

《文明和科学》,《文集》第三卷

正是国际问题被放到光天化日之下进行讨论这一事实,就提供了和平解决冲突的可能性。……要保护国家利益必须通过谈判,而不是诉诸武力。

《文化总是世界和解的一个基础》,《文集》第三卷

民　主

真正的民主决不是虚幻的空想。

《自述片断》,《文集》第一卷

政府的民主形式本身并不能自动地解决问题，但它为那些问题的解决，提供有用的框架。一切最后都取决于公民的政治品质和道德品质。

《答〈旦尼纪录〉问》，《文集》第三卷

要使民主真正成为可能的是科学家，他们不仅减轻了我们的日常劳动，而且也造出了最美好的艺术上和思想上的作品，而对这种成果的享受，一直到最近以前都只有特权阶级才有可能，但现在大家却都接近于得到它们了。

《无线电的社会意义》，《文集》第三卷

民主制度和民主准则都是历史发展的产物，而在享有这种制度的国家里，也时常会在一定程度上不了解这一点。

《原子战争与和平》，《文集》第三卷

使一个新来的人，马上就热爱这个国家的，是人民中间的民主特性。

《黑人问题》，《文集》第三卷

只有当每个公民都认识到他有义务为保卫宪法做出自己的贡献时，宪法上的权利才有保障。因此，保卫宪法，人人有责，谁也不应当逃避这种义务，哪怕他自己和家庭都可能遭到危险和威胁。

《为保卫学术自由和公民权利而斗争》，《文集》第三卷人权的存在和有效性不是从天上掉下来的（"从天上掉下来的"原文是"用星星写成的"。——编者）。是那些历史上有见识的人设想出人在相互对待的行为方面的理想，并以此教导给人们；也是他们发展了最令人向往的社会结构的基本思想。

《人权》，《文集》第三卷

我认为每个公民都有责任尽其所能来表明他的政治观点。如果有才智的和有能力的公民忽视这种责任，那么健康的民主政治就不可能成功。

《科学和政治》，《文集》第三卷

一个公民要达到客观的结论，并且理智地运用他的政治权力，那是极其困难的，在多种场合下实在也完全不可能。

《为什么要社会主义》，《文集》第三卷

社会的健康状况取决于组成它的个人的独立性，也同样取决于个人之间的密切的社会结合。

《社会和个人》，《文集》第三卷

自　由

我们的先辈通过艰苦斗争后赢得的自由，给了我们多大的恩惠。

《文明和科学》，《文集》第三卷

研究自由和研究结果，在社会上能否有益地应用，要取决于政治因素。这就解释了为什么科学家不能以专家的身份，而只能以公民的身份来发挥他们的影响。它也进一步解释了，为什么科学家为了自由地进行科学研究，有义务在政治上积极起来。

《民主和学术自由问题》，《文集》第三卷

只有当我们巨大的经济问题通过民主的方式解决了，这些困难也能得到解决；但是这种解决办法的基础，必须由维护言论自由来作准备。

《保卫言论自由》，《文集》第三卷

一切民族和文化团体的平等不仅是名义上的，而且实际上已付诸实践。"平等的目标，平等的权利，以及平等的社会义务"，已经不是一句空洞的口号，而是在日常生活中体现了的实践。

《感谢苏联抗德战争》，《文集》第三卷

只有不断地、自觉地争取外在的自由和内心的自由，精神上的发展和完善才能有可能，由此，人类的物质生活和精神生活才有可能得到改进。

《自由和科学》，《文集》第三卷

这种外在的自由的理想是永远不能完全达到的，但如果要使科学思想、哲学和一般的创造性思想，得到尽可能快的进步，那就必须始终不懈地去争取这种自由。

《自由和科学》,《文集》第三卷

我所理解的自由是这样的一种社会条件:一个人不会因为他发表了关于知识的一般和特殊问题的意见和主张而遭到危险或者严重的损害。

《自由和科学》,《文集》第三卷

教学自由以及书报上的言论自由,是任何民族的健全和自然发展的基础。在这一点上,历史的教训——特别是最近的历史教训——实在是太清楚了。为了维护和加强这些自由献出每一份力量,并且运用一切可能的影响,使舆论意识到现存的危险,这是每一个人应负的责任。

《保卫言论自由》,《文集》第三卷

这个国家中所实行的是:公民自由、宽容,以及法律面前公民一律平等。公民自由意味着人们有用言语和文字表示其政治信念的自由。宽容意味着尊重别人的无论哪种可能有的信念。

《不回德国的声明》,《文集》第三卷

这个宣言(指 1948 年 12 月 10 日联合国大会通过的《世界人权宣言》——编者)规定了许多具有普遍约束力的条款,用以保护个人,防止他在经济上受到剥削;保护他的发展,并且保证他在社会中能够自由地从事他所爱好的事业。

《文化总是世界和解的一个基础》,《文集》第三卷

在我们亲自经历的日子里,这个大陆(指欧洲——编者)的自由和荣誉是靠西欧各国拯救出来的;它们像中流砥柱,在严酷的时代里,坚定地反对仇恨和压迫;它们成功地保卫着个人自由,这种自由给我们带来了各种知识上的进展和发明,要是没有这种自由,凡是有自尊心的人,都不会觉得还有活下去的价值。

《文明和科学》,《文集》第三卷

只有在自由的社会中,人才能有所发明,并且创造出文化价值,使现代人生活得更有意义。

《文明和科学》,《文集》第三卷

只有在人类社会达到足够的开放水平,个人能够自由发展自己能力的时候,人类社会才能取得有价值的成就。

(美)海伦·杜卡斯:《爱因斯坦谈人生》

这种组织(指脑力劳动者的组织——编者)的一个应有的任务将是保卫学术自由,要是没有这种自由,民主社会的健康发展是不可能的。

《脑力劳动者组织》,《文集》第三卷

我所理解的学术自由是，一个人有探求真理以及发表和讲授他认为正确的东西的权利。这种权利也包含着一种义务：一个人不应当隐瞒他已认识到是正确的东西的任何部分。显然，对学术自由的任何限制，都会抑制知识的传播，从而也会妨碍合理的判断和合理的行动。

《为保卫学术自由和公民权利而斗争》，《文集》第三卷

我认为，消除现存的经济上严重的不公平问题，是要比和平主义问题更为重要。

《经济问题与和平问题》，《文集》第三卷

我们都赞赏欧洲知识分子的出色成就，并且从中看到我们最高的社会准则。这些成就的基础是思想自由和教学自由，是追求真理的愿望，必须优先于其他一切愿望的原则。

《法西斯和科学》，《文集》第三卷

每个人都应当有机会来发展他的潜在天赋。只有这样，个人才会得到他应有的满足；而且也只有这样，社会才会达到它最大的繁荣。因为凡是真正伟大的并且激动人心的东西，都是由能够自由地劳动的个人创造出来的。

《道德和感情》，《文集》第三卷

我们不应当允许对科学工作的发表和传播有任何限制，这对于社

会文化的发展非常有害。

《美国的科学家应当拒绝政府的不义要求》，《文集》第三卷

要使一切个人的精神发展成为可能，那么就必须有第二种外在的自由。人不应当为着获得生活必需品而工作到既没有时间也没有精力去从事个人的活动的程度。

《自由和科学》，《文集》第三卷

正像在一切文化生活领域里一样，自由而无拘束地交换意见和交换科学研究的结果，是科学健康发展所必需的。

《美国的扩军备战是文化衰落的病根》，《文集》第三卷

使我深切地感到，自由行动和自我负责的教育，比起那种依赖训练、外界权威和追求名利的教育来，是多么的优越呀。

《自述片断》，《文集》，第一卷

虽然我们相信，实际生活不可能没有自由意志的幻想，但是从哲学心理方面并没有给因果性必然出现的学说带来多少严重的危险。

《物理基本概念的变化》，《文集》第一卷

我完全不相信人类会有那种在哲学意义上的自由。每一个人的行为，不仅受着外界的强迫，而且还要适应内心的必然。

《我的世界观》，《文集》第三卷

每个公民对于保卫本国宪法上的自由，都应当有同等的责任。但是就"知识分子"这个词的最广泛意义来说，他则负有更大的责任，因为，由于他受过特殊的训练，他对舆论的形成能够发挥特别强大的影响。

《为保卫学术自由和公民权利而斗争》，《文集》第三卷

为个人取得经济保障所作的成就，以及为公共福利而利用国家的生产力，都必然会使个人自由蒙受某些必要的牺牲，而自由除非伴有一定程度上的经济保障，否则，就不会有什么意义。

《感谢苏联抗德战争》，《文集》第三卷

生产的集中使得生产资本集中到这个国家的少数人手里。这一小撮人以压倒一切的力量控制着对我们青年进行教育的机构，也控制着这个国家的大型报纸。

《保卫言论自由》，《文集》第三卷

在我们自己的时代，斗争主要是为了争取政治信仰和讨论的自由，以及研究和教学的自由。

《人权》，《文集》第三卷

科学的发展，以及一般的创造性精神活动的发展，还需要另一种自由，这可以称为内心的自由。这种精神上的自由在于思想上不受权威和社会偏见的束缚，也不受一般违背哲理的常规和习惯的束缚。这

种内心的自由是大自然难得赋予的一种礼物。

《自由和科学》，《文集》第三卷

如果我重新是个青年人，并且要决定怎样去谋生，我决不想做什么科学家、学者或教师。为了希望求得在目前环境下还可以得到的那一点独立性（指自由——编者），我宁愿做一个管子工。

《不愿做美国科学家，宁愿做管子工或小贩》，《文集》第三卷

我认为要是一个有理性的人，在家里不能畅所欲言，这样的家就算不了一个家。

《在美国商人最吃香》，《文集》第三卷

为了使每个人都能表白他的观点而无不利的后果，在全体人民中，必须有一种宽容的精神。

《自由和科学》，《文集》第三卷

附录　爱因斯坦生平简介

阿尔伯特·爱因斯坦（1879—1955 年）是 20 世纪最伟大最有影响、举世景仰的自然科学家和杰出的思想家。他品德高尚，具有高度的社会责任感，对现代科学作出了开创性的、最伟大的贡献。

1879 年 3 月 14 日，爱因斯坦出生在德国西南古城乌尔姆的一个犹太人的家庭。父亲赫尔曼·爱因斯坦是个小生意人，母亲酷爱文学，更爱音乐。小爱因斯坦从小不是很聪明，3 岁还不会说话，6 岁上学后还不能回答老师的简单提问，在学校经常受罚，也受到同学们的讥笑。5 岁那年，父亲给他买了一个小指南针，使小爱因斯坦着了迷，他端详它、转动它，但不管怎么摆弄，静止时，它的小针总是回到原来的指向。这奇特的现象，引起了他极大的兴趣和惊异，激起了他探索自然奥秘的强烈愿望，驱使他走向科学的殿堂。

在学校里，爱因斯坦由于厌恶死记硬背的学习方法，于 1894 年（15 岁）主动退学；1876 年他进入瑞士苏黎世工艺学院学习。在入院前，他自学了包括微积分原理在内的基础数学，还学习了很多科学通俗读物。进入大学以后，他不但攻读了理论物理学，还比较系统地学习了康德的《纯粹理性批判》以及其他哲学家的哲学名著。

1900 年，爱因斯坦取得了大学毕业文凭；翌年 2 月，取得瑞士国籍。在 1905 年 3 月至 9 月这关键性的并有转折性的半年内，他的科研工作突飞猛进，在三个不同领域，取得了突破性的重大贡献：完成了

"狭义相对论""光电效应理论"和"布朗运动理论"。这在世界科学发展史上是没有先例的。这三个划时代的伟大成就,震惊了世界。1914年,他成为柏林普鲁士皇家学院的带薪院士,研究"广义相对论",于1916年写出论文《广义相对论基础》。他的相对论在科学史上矗立了一块新的里程碑。1917年他发表了《根据广义相对论对宇宙所作的考察》的论文,受到科学界的高度重视,被认为是现代宇宙学的开创性文献。1921年,由于他对世界科学的卓越贡献,荣获诺贝尔物理学奖。1924年,他发现德布罗意提出的"电子波动性质假设"后,立即利用这个假设研究原子理论气体的量子理论。并和印度著名的物理学家玻色一起,建立了玻色—爱因斯坦量子统计理论。他于1933年10月定居美国,任新泽西州普林斯顿高级学术研究院教授,研究新的"统一场论"。这一新的研究工作,几乎耗去他后半生的全部精力,1955年4月18日,这颗世界科学巨星陨落了。

爱因斯坦从小喜爱哲学,专门研究了一些著名哲学家的著作。他的哲学主导思想是唯理论的唯物论。正是这种哲学思想,使他不苟同于以玻尔为首的哥本哈根学派对量子力学的解释,并能够坚持同他们长期论战。

他先后生活在德国和美国,亲身经历了两次世界大战,目睹了科学技术在战争中给人类造成的巨大破坏和牺牲。爱因斯坦一心希望科学要造福于人类,而不要成为祸害。一贯反对侵略战争、民族压迫和种族歧视,为人类和平和进步事业进行了坚决的斗争。凡是他所经历的重大事件,都能公开表明自己的态度;凡是他所了解到的政治迫害,都公开谴责。他反对战争,拥护和平;反对专制,拥护民主;反对侵略,拥护独立。这是他的明确的社会观。1931年"九一八"事变后,他呼吁各国，要用联合国的经济抵制去制止日本军国主义的对华侵略。1937年他对"七君子事件"给以正义的声援。一个在自然科学创造上有重大贡献的伟大科学家，对待政治、社会问题的态度如此严肃、热情、认真，这在历史上是极为罕见的。

爱因斯坦从青年时代起，就自称社会主义者。虽然他的一些论点不符合马克思主义，但不少见解是切中时弊，十分有价值的。比如，他在论文《为什么要社会主义》一文中提出"计划经济还不是社会主义"的论断，并提出防止行政人员权力过于集中和杜绝傲慢自负保证清正廉洁。这正是马列主义强调的"巴黎公社原则"所要解决的一个根本性问题。

爱因斯坦以虔诚深挚的热情追求真理，主持正义；他襟怀坦白，表里如一，境界高尚。一切享乐、自私、专横，都同他无缘。他具有真正的科学家的高贵品格。

但是，爱因斯坦不仅仅是位科学家，他同时又是一位伟大的思想家，他对科学，对社会，对哲学，对真、善、美，有许多精辟的见解。他反对偶像崇拜，厌恶阿谀奉承。他对自己被别人作为崇拜的偶像，感到十分不安。他认为："让每一个人都作为个人而受到尊重，而不让任何人成为崇拜的偶像"。"我自己受到了人们过分的赞扬和崇敬，这不是由于我自己的过错，也不是由于我的功劳，而实在是一种命运的嘲弄"。

1901年到1955年的50余年中，爱因斯坦先后发表专门性论文200余篇，一般学术著作190余篇，社会政治言论和通讯400余篇。他的著作之多，影响之大，只有牛顿和哥白尼才能相比。